공부가 되는
세계사 3

〈공부가 되는〉 시리즈 ㊿

공부가 되는
세계사 3 근현대

초판 1쇄 발행　2013년 05월 03일
초판 11쇄 발행　2023년 12월 18일

지은이 글공작소

책임편집 김초희
책임디자인 유영준

펴낸이 이상순
주　　간 서인찬
편집장 박윤주
제작이사 이상광
기획편집 박월, 김한솔, 최은정, 이주미, 이세원
디자인 이민정
마케팅홍보 이병구, 신희용, 김경민
경영지원 고은정

펴낸곳 (주)도서출판 아름다운사람들
주소 (10881) 경기도 파주시 회동길 103
대표전화 (031)8074-0082 **팩스** (031)955-1083
이메일 books777@naver.com
홈페이지 www.book114.kr

ⓒ 2013 글공작소
ISBN 978-89-6513-223-3 13900
ISBN 978-89-6513-234-9 13900 (세트)

파본은 구입하신 서점에서 교환해 드립니다.
이 책은 저작권법에 의하여 보호를 받는 저작물이므로 무단 전재와 복제를 금합니다.
KC마크는 이 제품이 공통안전기준에 적합하였음을 의미합니다.

공부가 되는
세계사 3
근현대

지음 글공작소 | **추천** 오양환 (前 하버드대 교수)

아름다운사람들

공부가 되는 세계사 3

인간 중심과 산업 사회로의 이동, 근대 사회 … 12

문화를 부활시키다, 르네상스
르네상스의 시작, 이탈리아 | 북유럽의 르네상스
르네상스를 가능하게 한 3대 발명품
르네상스 시대의 과학 발전 | 르네상스의 의미

타락한 종교에 맞선 종교 개혁
마르틴 루터와 칼뱅의 종교 개혁 | 영국의 종교 개혁
가톨릭교회와 프로테스탄트 교회의 대립

동방 무역을 위한 새로운 항로 개척
콜럼버스의 신대륙 발견 | 마젤란의 세계 일주
새로운 항로 개척 뒤 유럽의 변화 | 아메리카 문명
마야 문명과 아스테카 문명 | 잉카 문명

강해진 국왕의 권력, 절대 왕정 시대
유럽의 절대주의 국가들
30년 전쟁과 베스트팔렌 조약
프로이센의 등장
러시아 건국의 아버지, 표트르 대제

인문주의 | 개인주의 | 세속주의 | 합리주의 | 베스트팔렌 조약 | 향료
배의 속도 단위, 노트 | 위그노 | 낭트 칙령 | 칙령 | 왕권신수설
동인도 회사 | 영방 국가 | 7년 전쟁 | 슬라브족

근대 세계를 연 철학과 과학
과학 혁명 | 철학의 발달
사회 개혁을 주도할 새로운 정치사상의 등장
인간 이성의 믿음, 계몽사상 | 바로크 양식과 로코코 양식

시민 혁명과 자유주의 운동
청교도 혁명과 명예혁명 | 미국의 시작, 메이플라워호
미국 독립 혁명 | 아메리카 합중국의 탄생 | 프랑스 시민 혁명
영웅 나폴레옹의 시대 | 나폴레옹 제국의 멸망 | 빈 체제와 자유주의 운동
빈 체제를 흔든 그리스 독립 | 프랑스 7월 혁명과 2월 혁명 그리고 파리 코뮌
농노 해방을 시도한 러시아 | 이탈리아의 통일
비스마르크의 철혈 정책과 독일 제국의 탄생 | 민족주의와 인종주의
노예제를 폐지한 남북 전쟁과 미국의 발전 | 라틴 아메리카의 독립
자유주의를 발전시킨 영국의 의회 개혁

중상주의 | 관념론 | 영국의 칼뱅교도인 청교도 | 젠트리
추수 감사절의 상징이 된 칠면조 요리 | 미국을 대표하는 성조기와 자유의 여신상
부르주아 혁명 | 프랑스 시민 혁명과 인권 선언 | "빵이 없으면 고기를 먹지."
공화정 | 프랑스 시민 혁명의 정신, 인권 선언문 | 쿠데타 | 나폴레옹 법전
드레퓌스 사건 | 파리 코뮌 | 반듯반듯한 신도시, 19세기의 파리
이탈리아 통일의 영웅, 주세페 가리발디 | 교황이 다스리는 바티칸 제국
링컨의 게티즈버그 연설 | 자영농 창설법 | 대서양과 태평양을 잇는 파나마 운하
해가 지지 않는 나라의 '빅토리아 여왕'

산업 혁명과 자본주의의 성장
자본주의의 성장 | 산업 혁명
영국에서 시작된 산업 혁명
산업 혁명으로 인한 변화와 그늘

사회주의의 성장
공상적 사회주의 | 과학적 사회주의
사회 민주주의 | 수정 자본주의

19세기 자연 과학과 인문 과학의 발달
제국주의 이론으로 진화한 진화론
낭만주의와 사실주의

자본주의 발달이 만들어 낸 제국주의
서구 강대국들의 식민지 침탈

근대화 운동과 민족 운동
중국의 아편 전쟁과 베이징 조약 | 중국인들의 저항
대장정과 중국 공산당 | 일본의 근대화 | 인도의 민족 운동과 마하트마 간디
동남아시아의 민족 운동 | 오스만 제국의 근대화 운동 | 이란과 아랍의 근대화 운동
이집트의 근대화와 수에즈 운하 건설

증기 기관차와 철도 | 기선 | 인클로저 운동 | 영국의 국력을 과시한 제1회 런던 만국 박람회
기계는 우리의 적! 러다이트 운동 | 노동자와 함께한 감자 | 1848년 또 하나의 사건, 『공산당 선언』
자연주의 | 세포이의 항쟁 | 신해혁명과 쑨원의 삼민주의
엄청 큰 농장에 한 가지 작물만 심는 플랜테이션

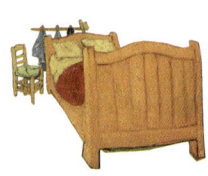

제1차 세계 대전
사라예보 사건 | 장기전이 된 서부 전선, 동부 전선에서의 독일 승리
베르사유 체제 | "우리의 운명은 우리가 결정한다." 윌슨의 민족 자결주의
최초의 공산 국가를 탄생시킨 러시아 혁명

대공황과 전체주의
이탈리아의 파시즘 | 일본의 군국주의 | 독일의 나치즘

제2차 세계 대전
태평양 전쟁과 연합군의 노르망디 상륙 작전

강화 조약 | 세계 최고의 부자가 된 미국 | 선거권을 가지게 된 여성들 | 민주적인 헌법을 만든 독일
소비에트 | 유대인 대량 학살의 상징, 아우슈비츠 강제 수용소 | 조선의 독립을 약속한 카이로 선언

근대 사회 연표

세계가 하나로 이어지는
현대 사회 ⋯ 254

군대를 가진 국제 연합
총소리 없는 전쟁, 냉전
평화 공존의 기운, 데탕트
미국이 빠진 늪, 베트남 전쟁
비동맹 중립주의를 내세운 제3세계
소련의 해체와 동유럽의 민주화 운동
중국의 개혁과 개방
세계화와 블록 경제
유럽 연합(EU)
현대 과학의 발달과 인류의 과제

냉전의 상징, 베를린 장벽 | 유로화 | 원자력의 두 얼굴

현대 사회 연표

아이들이 『공부가 되는 세계사』를 읽으면 좋은 이유

1 세계사에 대한 흥미와 관심을 높여 줍니다

인간은 왜 집단생활을 했으며 어떤 과정을 통해 도시와 국가를 만들었을까? 문자는 왜 생겨났으며 오늘날의 문명은 무엇 때문에 탄생하게 되었을까? 전쟁은 왜 일어날까? 유럽, 아시아, 아메리카, 아프리카는 어떻게 탄생했으며 어떤 문화적 차이가 있을까? 철학, 종교, 예술, 과학 등 오늘을 대표하는 문화와 사상들은 어떻게 만들어지고 인간에게 어떤 영향을 미쳤을까? 세계사가 지금의 나와 어떤 연결 고리가 있고 왜 세계사를 알아야 하는지 그 이유를 아이들의 호기심을 풀어내는 형식으로 쉽게 설명해 냄으로써 어렵게만 여겨지던 세계사가 재미있고 쉽게 술술 읽히면서도 세계 문화와 역사의 큰 흐름을 자연스럽게 이해하도록 구성했습니다.

2 어려운 세계사의 개념을 바로 해결합니다

선사 시대와 고대, 중세, 근대, 현대는 무엇으로 구분할까? 우리가 늘 듣는 용어지만 그 구체적인 뜻은 모호한 세계 4대 문명, 오리엔트, 르네상스, 계몽주의, 성문법, 민주주의, 사회주의, 자본주의 등은 도대체 어떻게 사용되기 시작했고 어떤 깊은 의미를 포함하고 있을까? 세계사를 통해 만들어져 오늘날에도 일상생활에서 흔히 사용되는 어휘와 개념들을 암기를 넘어 세계사의 큰 흐름 속에서 이해하고 활용할 수 있도록 똑똑하게 알려줍니다.

3 글로벌 안목을 높이고 생각하는 힘을 길러 줍니다

우리 아이들이 세계의 주역으로 성장하기 위해 세계사를 이해하는 것은 필수적인 요소입니다. 글로벌 안목은 세계사를 통해 길러지고 깊어집니다. 또한 역사학자 리처드 에번스는 "역사는 그것이 어떻게 일어났으며 어떻게 소멸하고 어떤 영향을 주었는가를 파악하는 것이 더 중요하다."라고 했습니다. 이처럼 역사는 단순히 과거에 어떤 일이 있었는지 사실 관계를 아는 것에 그치는 것이 아니라 그것이 일어난 배경과 그렇게밖에 될 수 없는 필연적 이유를 아는 것이 더 중요합니다. 그러므로 역사를 제대로 알고 이해하는 것은 사물에 대한 사고력과 판단력을 폭넓게 길러 줍니다. 역사는 바로 한 사람의 삶을 결정하는 가치관의 노둣돌과 같습니다.

4 공부의 즐거움 깨치는 『공부가 되는 세계사』

〈공부가 되는〉 시리즈는 공부라면 지겹게만 여기는 우리 아이들에게 "아, 공부가 이렇게 즐거운 것이구나!" 하는 것을 깨우쳐 주면서 아울러 궁금한 것이 많은 우리 아이들의 지적 호기심도 해결해 주는 시리즈입니다. 공부의 맛과 재미는 탄탄한 기초 교양의 주춧돌 위에 세워질 때 그 효과가 배가됩니다. 그리고 그 기초 교양은 우리 아이들의 학습에서 자기 주도적 능력을 내는 데 큰 밑거름이 됩니다. 『공부가 되는 세계사』는 세계의 역사를 알고 이해하는 과정을 통해 세계를 통찰하는 깊이 있는 안목과 자신의 세계관을 키울 수 있도록 만들어졌습니다. 우리 아이들이 이 책을 통해 세계의 교양인으로 거듭나기를 바랍니다.

인간 중심과 산업 사회로의 이동, 근대 사회

중세 시대 유럽이 신 중심의 사회였다면 근대는 인간 중심의 세계관이 꽃핀 시기입니다. 사람들은 신의 그늘에서 벗어나 인간의 이성이 그 자리를 대신할 수 있다고 생각하기 시작했습니다. 이러한 변화의 물결이 사회와 문화 각 분야에서 일어나기 시작합니다. 그 대표적인 사례로 르네상스(문예 부흥)와 종교 개혁, 신대륙 발견, 과학 혁명 등을 꼽을 수 있습니다. 또한 과학 기술을 바탕으로 한 신대륙의 발견과 산업 혁명은 유럽이 근대 국가의 기틀을 마련하는 계기가 되기도 했지만, 수많은 식민지들이 생겨나 전쟁의 불씨가 되기도 합니다.

인간 중심과 산업 사회로의 이동, 근대 사회

🌸 문화를 부활시키다, 르네상스

유럽의 중세는 교회가 정한 엄격하고 딱딱한 규율 속에 갇혀 있던 그리스도교 중심의 사회였습니다. 교회의 힘이 너무 강해서 누구도 거기에 거역할 수 없었습니다. 그러한 시대는 약 1천 년 동안 계속되었습니다.

하지만 11세기 말에 시작된 십자군 전쟁은 사람들의 생각에 변화를 가져왔습니다. 십자군 전쟁은 이슬람 세력으로부터 성지인 예루살렘을 되찾고자 하는 신을 위한 전쟁이었음에도 번번이 실패로 끝났습니다. 그러자 사람들은 교회의 권위와 교황의 말에 의심을 품기 시작했습니다. 그뿐만 아니라 십자군 원정을 통해 동방 세계에 대한 새로운 이해가 싹텄으며, 나침반과 화약 등

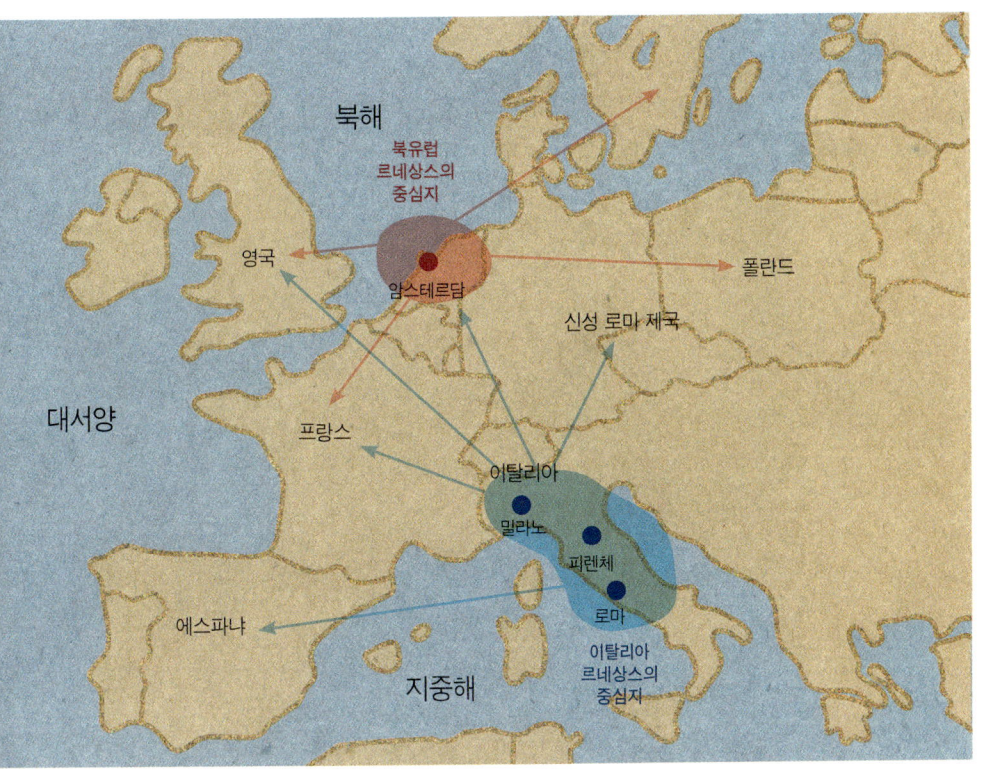

르네상스의 전파
르네상스가 이탈리아에서 시작되어 유럽 전역으로 퍼져 나가는 모습입니다.

금속 활판 인쇄술을 발명한 독일의 요하네스 구텐베르크
인쇄술의 발달로 많은 이들이 책을 전보다 쉽고 싸게 접할 수 있게 됩니다.

의 전래는 사람들에게 개척 정신을 북돋아 주었습니다. 인쇄술의 발달도 사람들의 깨달음에 크게 한 몫했습니다.

그 결과 사람들 사이에서는 신 중심의 중세적인 생각을 극복하고 인간 중심으로 만물을 이해하려는 움직임이 일어났습니다. 이와 같은 새로운 문화의 움직임을 르네상스라고 합니다.

르네상스는 프랑스 어로 '부흥' 혹은 '재생'이란

인간 중심과 산업 사회로의 이동, 근대 사회   15

인문주의

그리스와 로마의 고전은 중세와는 달리 이성적이며, 풍부한 감성을 지닌 이상적인 인간상을 보여주었습니다. 이러한 고전의 정신을 바탕으로 인간의 존엄성과 개성을 중요하게 여기는 학문적인 경향을 인문주의 또는 휴머니즘이라고 합니다.

개인주의

국가나 사회보다 개인의 자유와 권리가 우선한다고 생각하는 태도를 말합니다. 이러한 주장의 바탕에는 국가나 사회 역시도 개인들이 모여서 만들어진 것이라는 생각이 깔려 있습니다.

세속주의

인간 활동이나 정치적인 의사 결정이 종교에 간섭받기보다는 객관적인 증거와 사실에 기반해야 한다는 주장이 세속주의입니다.

뜻입니다. 그것은 잃어버린 것, 사라져 간 것을 되살려 낸다는 의미로 쓰인 것이며, 여기에서 잃어버린 것이란 그리스 로마 문화를 말합니다. 그리스 로마 문화는 인간 중심의 이성적이고 풍부한 감성을 지닌 문화였습니다.

이처럼 잃어버린 고대 문화를 되살려 내려는 것에서 시작된 르네상스는 차츰 인간 중심의 새로운 문화를 만들어 내려는 운동으로 발전하였습니다. 그래서 신 중심의 기독교적인 사고방식에서 벗어나 인간의 감정을 중요시하고, 생활의 풍족함을 추구했으며, 모든 권위와 인습에서 벗어난 자유로운 인간을 꿈꾸었습니다.

르네상스는 처음에는 문학이나 미술, 건축 등에서 시작했지만 그 뒤 유럽 사람들의 생각이나 생활 방식에까지 깊게 뿌리를 내리며 서양 근대 문화의 특징인 개인주의와 세속주의, 합리주의의 밑바탕이 되었습니다.

이제 유럽 세계는 딱딱하고 엄숙했던 중세를 벗어나 활기찬 근대로 나아가게 되었습니다.

인문주의는 처음에는 그리스와 로마의 고전을 연구하고 가르치는 학풍을 의미했습니다. 그 뒤 인간 중심적인 고대 문학의 영향을 받아서 인간의 덕성과 존엄성을 강조하고, 개성과 능력을 중요하게 여기는 사상으로 발전했습니다.

합리주의

비합리적이거나 전통적인 풍습 혹은 우연이나 주관적인 감정에 휘둘리지 않고, 이성적이며 논리적으로 판단하고 행동하는 태도를 말합니다.

미켈란젤로의 〈피에타〉
1499년에 완성된 미켈란젤로의 조각으로 현재 로마의 성 베드로 대성당에 있습니다. 성모 마리아가 십자가에서 내려진 예수 그리스도를 품에 안고 슬퍼하는 모습을 잘 표현한 르네상스 미술의 걸작입니다.

르네상스의 시작, 이탈리아

르네상스가 가장 먼저 꽃핀 곳은 지금까지도 그리스 로마 문화의 흔적이 많이 남아 있는 이탈리아입니다. 이탈리아는 13세기 이전에 이미 봉건 제도가 붕괴되기 시작했고, 도시에서는 상인들이 세력을 잡고 있었습니다. 또 십자군 전쟁 때 이탈리아의 항구들이 이용되면서 베네치아, 피렌체, 제노바 같은 항구 도시

이탈리아 피렌체의 현재 모습
르네상스 시기에 크게 발전한 피렌체는 수많은 건축과 예술로 유명한 도시입니다.

들이 발전했고, 비잔틴과 이슬람 등 동방의 색다른 문화가 들어왔습니다.

이탈리아의 항구 도시들은 동양과 서양을 잇는 지중해 무역을 독점하면서 상업의 발달로 큰 경제적 풍요를 누리게 됩니다. 지중해 무역으로 막대한 부를 거머쥔 상인들에게 르네상스가 꿈꾸는 자유로운 인간상은 자신들이 소망하는 바와 딱 맞아떨어졌습니다. 그들은 영주의 간섭 없이 자유롭게 돈 벌기를 원했습니다. 그래서 르네상스를 적극적으로 지지하고 후원함으로써 르네상스가 꽃필 수 있게 했습니다. 레오나르도 다빈치 등 르네상스 때 활약한 예술가들 대부분은 도시의 큰 상인과 가까운 사이였고, 그들에게 지원과 보호를 받았습니다.

이탈리아의 르네상스가 화려한 꽃을 피운 분야는 주로 문학과 예술입니다. 성직자와 귀족 계급을 비판하며 인간의 본능과 감정을 있는 그대로 표현한 보카치오의 『데카메론』은 르네상스를 대표하는 소설이라고 할 수 있으며, 단테의 『신곡』은 중세의 세계관에서 벗어나 새로운 시대가 다가오는 것을 암

단테의 석상
단테는 『신곡』을 라틴어가 아닌 이탈리아 어로 써서 많은 사람들이 자신의 작품을 읽을 수 있게 했습니다.

시하는 작품입니다. 미술과 건축, 조각 등의 분야에서는 〈최후의 만찬〉과 〈모나리자〉를 남긴 레오나르도 다빈치, 〈최후의 심판〉과 〈다비드〉를 남긴 미켈란젤로 등이 르네상스를 대표하는 예술가라고 하겠습니다. 그들은 모두 예술 작품을 통해 신의 위대함보다는 인간에 대한 관심, 인체의 아름다움, 인간의 본성과 인간 내면의 정신을 있는 그대로 표현하기 위해 애썼습니다.

건축 분야에서는 고딕 양식이 주류를 이뤘던 중세와 달리 그리스와 로마의 양식을 합친 르네상스 양식이 나타났습니다. 그 대표적인 건축물이 로마의 성 베드로 대성당입니다.

하지만 이탈리아의 르네상스는 권력자인 군주나 부유한 상인들에게 보호와 지원을 받으며 발달했기 때문에 차츰 서민적

성 베드로 대성당의 내부
로마 북부의 바티칸 시국에 있는 성 베드로 대성당은 그리스도교 성지 중 하나로, 예수의 제자이자 첫 교황인 베드로의 무덤 위에 세워졌습니다.

인 기풍이 사라지고 귀족적인 성격이 강화되었습니다. 또 도시 국가들의 정치적 분열과 외세의 침입, 신항로의 개척으로 무역의 중심지가 지중해에서 대서양으로 이동하면서 경제적 풍요로움마저 사라져 갔습니다.

북유럽의 르네상스

이탈리아는 르네상스가 절정을 이룰 무렵 오스트리아와 프랑스 등의 침략에 시달리게 되었습니다. 그래서 이탈리아의 르네상스는 점점 그 빛을 잃고, 르네상스의 중심은 알프스 산맥을 넘어 북부 유럽 지역으로 옮겨 가게 되었습니다.

북유럽의 르네상스는 문학과 예술 분야에서 꽃을 피웠던 이탈리아와 달리 각 나라의 상황에 따라 독자적인 성격을 띠고 발전했습니다. 북유럽 르네상스는 당시의 잘못된 사회상과 교회의 권위, 성직자의 타락과 어리석음을 비판하는 사회 개혁적인 성격이 강했습니다.

북유럽에서 르네상스 운동이 먼저 일어난 나라는 네덜란드입니다. 당시 네덜란드는 모직물 공업의 발달로 경제적인 번영을 누리고 있었습니다. 네덜란드 르네상스 운동의 대표적인 인물은 에라스뮈스로, 그는 1511년에 교회와 성직자들의 타락을 공격하는 『우신예찬』이라는 책을 펴냈습니다. 에라스뮈스는 16세기 최대의 인문주의자로 손꼽히고 있습니다.

영국의 르네상스는 권력을 견제해서 개인의 자유를 확보하

한스 홀바인이 그린 에라스뮈스의 모습
에라스뮈스는 신의 예정대로 세상이 흘러간다는 예정설에 반대하며 인간의 자유 의지를 옹호했습니다.

려는 개혁적인 성격이 강했습니다. 그 무렵 영국을 대표하는 인물로는 『유토피아』를 쓴 토머스 모어를 꼽을 수 있습니다.

토머스 모어는 플라톤이 자신의 저서 『국가』에서 그린 이상 사회에 대한 사상에 영향을 받아 『유토피아』를 썼습니다. 그는 『유토피아』에서 당시의 영국 사회를 비판하면서, 자신이 이상적으로 생각하는 사회를 그려 냈습니다. 그러나 『유토피아』에서 소개한 제도들은 단순히 그가 꿈꾸던 이상향이었다기보다 당시 사람들이 원했던 이상적인 제도라고 할 수 있습니다. 그러나 『유토피아』가 갖는 가장 큰 의미는 북부 유럽의 인문주의자들이 당시 사회를 비판하고 새로운 사회상을 제시하는 길잡이 역할을 했다는 것입니다.

그 밖에 문학 분야에서는 엘리자베스 1세 때 윌리엄 셰익스피어가 등장해서 『햄릿』, 『리어 왕』, 『로미오와 줄리엣』 등 뛰어난 작품을 남겼습니다. 셰익스피어는 영국인들이 인도와도 바꿀 수 없다고 말할 만큼 자랑스럽게 생각하는 위대한 극작가입니다.

프랑스의 르네상스는 왕실을 중심으로 전개되었는데 문학

셰익스피어의 희곡 『햄릿』의 한 장면
셰익스피어의 작품들은 지금도 다양한 창작물로 만들어져 많은 이들에게 감동과 재미를 주고 있습니다.

과 철학이 주로 발달했습니다. 프랑스의 작가 프랑수아 라블레는 『가르강튀아와 팡타그뤼엘』이라는 소설을 발표했습니다. 이 소설은 가르강튀아라는 거인과 그의 아들이 벌이는 유쾌한 모험 이야기로 자유로운 인간의 모험심을 나타냈습니다. 특히 가르강튀아의 대사인 "하고 싶은 대로 하라."는 말은 자유분방한 르네상스 생활 신조의 문학적 표현이라고 할 수 있습니다.

독일에서는 상공업이 발달한 남부의 여러 도시들을 중심으로 르네상스가 일어나 많은 비판적 인문주의자들이 등장해서

돈키호테와 산초의 동상
세르반테스의 작품
『돈키호테』에 등장하는 주요
인물인 돈키호테와 그의 하인
산초의 동상입니다.

활약했습니다. 그 대표적인 인물로 로이힐린을 꼽을 수 있습니다. 그는 성서의 원전을 연구해서 가톨릭교회의 성서 해석에 도전했는데, 그러한 그의 작업은 훗날 루터의 종교 개혁 운동으로 이어졌습니다.

에스파냐는 신대륙의 발견 등으로 16세기 이후 유럽에서 가장 강력한 국가로 등장했지만, 르네상스에서는 주도적인 역할을 하지 못했습니다. 다만 17세기 초 미겔 데 세르반테스가 중세의 기사를 동경하는 주인공 돈키호테를 통해 몰락하는 봉건 제도와 기사의 위선을 풍자하는 소설 『돈키호테』를 발표했습니다.

르네상스를 가능하게 한 3대 발명품

르네상스가 화려한 문화의 꽃을 피우는 데는 나침반, 화약, 인쇄술이라는 3대 발명품이 중요한 역할을 했습니다. 르네상스 시대에는 교회의 간섭을 물리치고 자연을 올바르게 보며, 배움을 소중히 할 줄 알았기 때문에 과학과 기술이 크게 발전했습니다.

나침반이 발명되기 이전에는 유럽의 모든 뱃사람들은 경험에 의존해서 해나 별을 보고 방향을 잡아 항해했습니다. 그러나 그런 방식으로 먼바다로 항해하는 것은 매우 힘들고 위험한 일이었습니다.

나침반의 등장으로 사정은 크게 달라졌습니다. 뱃사람들은

나침반
나침반의 발명으로 인해 인류는 보다 먼 곳까지 안전하게 항해할 수 있게 됩니다.

화약 가루
황, 숯, 질산칼륨을 섞어 만든 화약은 9세기경 중국에서 만들어져 르네상스 시기 유럽으로 전파됩니다.

나침반 바늘이 가리키는 방향을 따라 배를 몰기만 하면 얼마든지 먼바다까지 나갈 수 있고, 안전하게 항구로 돌아올 수 있게 되었습니다. 나침반의 발명은 항해 기술을 크게 발전시켰고, 사람들의 모험심을 자극해 신대륙 발견이라는 큰 열매를 맺게 했습니다.

화약의 발명은 나침반과는 다른 방향에서 인류에게 커다란 영향을 미쳤습니다. 13세기 이전에는 총이나 대포 같은 무기가 없었습니다. 전쟁터에서 사용되는 중요한 무기는 활과 칼과 창 정도였습니다. 하지만 화약의 등장으로 전쟁터의 모습은 크게 바뀌었습니다. 먼저 기사들이 입고 싸우던 투구나 갑옷이 아무 쓸모가 없어졌습니다. 갑옷이 총탄을 막을 수는 없었기 때문입니다. 또 화약과 대포를 사용하면서 말을 타고, 긴 창을 겨누며 싸우던 봉건 기사들도 사라졌습니다. 나침반이 항해술을 크게 발전시켰다면, 화약은 전쟁의 기술을 놀랍게 발전시켰습니다.

화약은 초기에는 단순히 불을 지르는 데만 사용되었습니다. 그 뒤 폭발력을 가진 폭탄으로 개발이 되었고, 13세기경 그 기술이 이슬람 세계로 건너갔다가, 이슬람교도들의 손을 거쳐 다시 유럽으로 전해졌습니다. 나침반도 11세기 초 중국에서 만들어진 뒤 12세기 말 유럽으로 전해진 것으로 추측됩니다.

르네상스의 또 하나 중요한 발명품은 금속 활자입니다. 금속 활자가 발명되기 전에 만들어진 책은 사람이 일일이 손으로 베껴 써서 묶어 놓은 필사본이었습니다. 필사본은 값이 매우 비쌌기 때문에 일부 특권 계급만이 읽을 수 있었습니다.

1452년, 독일의 요하네스 구텐베르크가 서양 최초로 활자를 발명해 그때에야 비로소 한 번에 많은 책을 찍어 낼 수 있었습니다. 활판 인쇄는 글자의 모양을 조각해 만든 활자를 짜 맞춘 판 위에 잉크를 칠한 뒤 거기에다 종이나 천을 덮어 눌러서 원하는 수량만큼 찍어 내는 방식입니다. 이와 같은 방식으로 책을 찍어 내면서 책값이 크게 떨어졌고, 많은 서민들이 책을 통해 다양한 지식을 습득하게 되었습니다.

구텐베르크의 활자 인쇄 기술이 이룩한 최초의 업적은 성경책의 보급입니다. 옛날에는 읽고 쓸 수 있는 사람이 수도사, 대학생, 학자, 신학 박사 등으로 한정되어 있었습니다. 그러던 것이 활자가 발명되면서 어떤 신분의 사람이라도 성경을 가질 수 있

구텐베르크 활자로 인쇄된 성경
이전에는 손으로 한 글자씩 베껴 써서 책을 만들었지만, 활자 인쇄술로 인해 책을 한 번에 여러 권 만들 수 있게 되었습니다.

고, 읽을 수 있게 되었습니다.

또 시인들은 노래 대신 시집을 펴냈고, 철학자들도 강연을 하는 대신 책으로 자신의 사상을 전할 수 있게 되었습니다. 호메로스의 『일리아드』와 헤로도토스의 『역사』가 책으로 엮어져 사람들이 이를 읽었고, 마르코 폴로의 『동방견문록』도 나왔습니다.

르네상스 시대의 과학 발전

중세의 과학적 지식들은 고대 그리스의 철학자인 아리스토텔레스의 생각에서 크게 벗어나지 않았습니다. 무거운 것이 더 빨리 떨어진다거나, 사과가 나무에서 떨어지는 것은 모든 것이 고향으로 돌아가려는 성질을 가졌기 때문이라는 설명을 사람들은 믿고 있었습니다. 마찬가지로 중세 사람들은 지구를 중심으로 태양과 달과 별이 돌고 있다는 천동설을 믿었습니다. 그러나 자연을 있는 그대로 관찰하게 되면서 사람들은 중세의 세계관에서 벗어나기 시작했습니다.

16세기, 폴란드의 니콜라우스 코페르니쿠스는 천동설에 의심을 품고 밤하늘을 바라보며 연구에 연구를 거듭했습니다. 그 결과 태양과 달과 별들이 지구의 둘레를 도는 것이 아니라, 지구가 태양의 둘레를 돌고 있다는 사실을 알게 되었습니다. 그는 죽기 직전인 1543년, 비로소 친구의 권유로 『천체의 운행에 관해서』라는 책을 통해 지동설을 발표했습니다.

그 뒤 17세기에 이르러 이탈리아의 갈릴레오 갈릴레이가 자

신이 만든 망원경으로 천체를 관찰해서 코페르니쿠스의 주장이 옳다는 것을 실제로 증명해 냈습니다. 또한 갈릴레이는 실험을 통해 지구로 떨어지는 모든 물체의 속도는 무게와 상관없이 똑같으며, 다르게 보이는 것은 공기의 저항 때문이라는 것도 증명해 냈습니다. 독일의 요하네스 케플러는 태양 주위의 행성이 움직이는 원리를 찾아냈습니다.

망원경을 들고 있는 갈릴레이
그는 지구가 우주의 중심이 아니라는 지동설을 주장하여 교황청과 날카롭게 대립하였습니다.

르네상스의 의미

수많은 예술가들과 학자들이 탄생한 르네상스는 예술과 학문이 만발한 평화로운 시대 같지만 사실은 그렇지 않았습니다. 오히려 극심한 혼란기였습니다. 당시 유럽인들은 흑사병 때문에 죽음의 공포에 시달렸고, 오랫동안 전쟁을 치렀으며, 큰돈을 번 몇몇 상인을 제외하고는 대부분 극심한 가난 속에서 살았습니다.

굶주림, 흑사병, 전쟁, 그 속에서 봉건 제도와 기독교 신앙이 주던 안락함이 서서히 무너져 내리던 혼란스럽고 황폐한 시대에 르네상스는 시작되었습니다. 중세 내내 지속되어 온 봉건 제도와 신앙이 무너져 내리자 사람들은 뭔가 이상으로 삼을 만한 모범이 필요했고, 고대 그리스와 로마에서 그 모범을 찾으려 했던 것입니다. 그렇게 출발한 르네상스는 그때까지 남아 있던 고대의 문화유산을 새로운 눈으로 바라보기 시작했습니다. 그 결과 르네상스는 고대의 부흥, 재생이 아니라 새로운 미래를 향한 운동이 되었습니다.

 타락한 종교에 맞선 종교 개혁

면죄부를 남발한 교황 레오 10세
르네상스의 거장 라파엘로가 그린 〈레오 10세와 두 추기경의 초상〉으로, 교회 건립 자금을 모은다는 명목으로 면죄부를 남발한 교황이 가운데 있습니다.

유럽 세계에는 르네상스와 함께 또 하나의 새로운 움직임이 있었습니다. 부패하고 타락한 그리스도교를 올바르게 바꾸려 한 종교 개혁이 그것입니다. 이것은 또 유럽 여러 나라 왕들이 로마 교황의 간섭에서 벗어나고자 한 운동이기도 했습니다. 그동안 유럽 여러 나라의 왕들은 교황이 자기 나라 정치에 간섭하는 것을 달가워하지 않았기 때문입니다.

종교 개혁은 유럽인들을 지배한 가톨릭교회와 로마 교황의 권위를 부정하고, 성서를 신앙의 중심으로 삼으려는 운동이었습니다. 당시 성직자와 교회는 가난한 사람을 구제하기보다 부패하고 타락했으며 사치와 탐욕을 일삼았습니다. 또 교회는 신의 이름으로 사람들을 지배하며 부를 쌓아 갔고, 이로 인해 교회는 많은 사람들에게 불만과 의심의 대상이 되었습니다.

더욱이 교황 레오 10세는 교회 건립 자금을 조달한다는 명목으로 면죄부를 발행했습니다. 면죄부란 잘못을 저지른 사람의 죄를 교회가 돈을 받고 용서해 주면서 그 표시로 내주는 일종의 증명서였습니다. 그러니까 아무리 큰 죄를 지은 사람이라도 돈을 많이 내고 면죄부를 사면 용서받는다는 것입니다.

이렇게 지나치게 세속화되고 타락한 가톨릭에 맞서 종교를 개혁하자는 운동이 확대되었습니다. 이런 움직임을 이끈 대표적인 인물이 바로 독일의 종교 개혁가인 마르틴 루터입니다.

마르틴 루터
독일의 신학자인 마르틴 루터는 면죄부가 신앙적으로 어떠한 근거도 없다며 95개의 이유를 들어 반박했습니다. 이는 종교 개혁에 불을 붙인 계기가 되었습니다.

마르틴 루터와 칼뱅의 종교 개혁

성직자들은 면죄부를 구실로 가난한 사람들의 돈을 빼앗는가 하면, 이렇게 모은 돈으로 교회를 사치스럽게 꾸미거나 심지어 교황과 자신들의 방탕한 생활비로 썼습니다. 하지만 독일의 신학자였던 루터는 면죄부가 성서에 근거가 없다고 생각해서, 그것이 잘못된 이유를 아흔다섯 가지로 반박한 글을 발표함으로써 종교 개혁에 불을 붙였습니다. 이에 놀란 교황과 독일 황제가 그를 탄압하자, 루터가 굽힘 없이 이에 맞서면서 종교 개혁이 시작되었습니다.

프랑스 출신의 신학자 장 칼뱅은 루터가 종교 개혁에서 주장했던 생각들을 논리적으로 더욱 체계화했습니다. 그는 성서에 나오지 않는 교리와 의식을 모두 없애고 설교와 기도, 그리고 찬송가만으로 간결하게 예배를 진행했습니다.

아울러 칼뱅은 장로들이 운영하는 새로운 교회를 스위스 제네바에 만들었습니다. 이 교회에서는 목사를 신자들이 정했고, 교황의 권위도 인정하지 않았습니다. 또 신도들 가운데서 장로를 뽑았습니다. 오늘날 우리가 장로교회라고 부르는 개신교의 종파는 이러한 제네바 교회에 기원을 두고 있습니다.

장 칼뱅
칼뱅은 오직 성서에 근거해 간결한 예배를 진행했습니다. 그리고 신의 목소리는 교회가 아닌 성경에 담겨 있다고 하며 교황의 권위를 부정했습니다.

이렇게 종교 개혁을 통해 새롭게 등장한 교회를 프로테스탄트 교회라고 합니다. 프로테스탄트란 '항의하는 사람'이란 뜻입니다. 면죄부 판매의 부당함을 지적하고 항의한 데서 나온 말입니다.

처음에는 루터파를 프로테스탄트라고 불렀습니다. 그러나 이후 가톨릭을 비판하면서 새로 만들어진 칼뱅파, 영국 국교회 등도 모두 같은 이름으로 불렀습니다.

영국의 종교 개혁

영국의 종교 개혁은 다른 나라들처럼 종교의 부패나 타락으로 인한 문제가 아니라 국왕 헨리 8세의 이혼 문제 때문에 시작되었습니다.

헨리 8세의 왕비 캐서린은 에스파냐 출신으로 아들을 낳지 못했습니다. 헨리는 그것을 이유로 내세워 캐서린과의 이혼을 허락해 달라고 로마 교황청에 요청했으나, 교황은 이를 거절했습니다.

헨리 8세는 교황이 신뢰하는 독실한 가톨릭 신자였습니다. 그래서 루터가 독일에서 종교 개혁을 일으킬 때에도 그는 교황의 편에 서서 가톨릭을 옹호했습니다. 그러나 교황이 자신의 이혼 문제에 대하여 교회법을 어길 수 없다며 거절하자, 화가 난 헨리 8세는 앞으로 절대 교회의 명령이나 간섭을 받지 않겠다고 선언했습니다. 그리고 캐서린 왕비와 이혼한 뒤 새 왕비를 맞아들였습니다.

그리고 헨리 8세는 영국 안에 있는 모든 교회가 교황의 말이 아닌

헨리 8세
헨리 8세는 자신의 사랑을 위해 교황의 압력을 무시한 채 재혼한 다음 영국 국교회를 설립했습니다.

자신의 지시에 따라야 한다고 선포하면서 영국 교회를 로마 교황청으로부터 분리시켰습니다. 그런 다음 1534년에는 로마 교황청에서 독립한 영국의 공식 종교인 '영국 국교회'를 만들고, 영국 의회의 동의를 얻어 자신이 영국 국교회의 우두머리가 되었습니다.

그는 또 수도원을 해산하고 전 영토의 3분의 1에 해당하는 수도원 영지를 몰수함으로써 왕실 재정을 든든히 했습니다. 그와 같은 과정을 거치면서 엘리자베스 1세 때에 이르자 영국 교회는 로마 가톨릭의 영향력에서 완전히 벗어났습니다.

그러나 영국의 종교 개혁은 국왕의 개인적인 문제에서 비롯됐기 때문에 영국 국교회의 교리는 프로테스탄트의 교리를 일부 넣었을 뿐 로마 가톨릭 교리와 크게 다를 바가 없습니다. 그래서 뒷날 칼뱅의 교리에 따라 철저한 교회 개혁을 주장하는 청교도가 등장합니다.

가톨릭교회와 프로테스탄트 교회의 대립

여러 나라에서 종교 개혁이 일어나자, 로마 가톨릭도 신교도의 세력 확장을 막기 위한 여러 가지 개혁의 움직임을 보였습니다. 교황은 말썽의 근원이 된 면죄부 판매를 중지했고, 성직자의 타락과 성직의 매매 등 가톨릭 내부의 썩은 부분을 도려내기 위한 여러 가지 수단을 마련했습니다. 또한 종교 재판을 강화하고, 도서 검열제를 도입하는 등 신교의 확장을 막기 위한 여러

예수회 교회
페루 쿠스코에 있는 예수회 교회입니다. 예수회는 엄격한 규율을 바탕으로 유럽 남부와 아메리카, 아시아 지역까지 세력을 넓혔습니다.

대응책들을 마련했습니다.

이러한 가톨릭 개혁에 큰 역할을 한 것은 1540년에 창설한 '예수회'입니다. 이 모임은 가톨릭교회의 남자 수도사 단체입니다. 이들은 중세 수도원의 엄격한 계율을 지키고, 신학 연구와 복음 전도를 주요 임무로 삼았습니다.

'예수회'의 회원은 10여 년의 엄격한 수행 기간을 거쳐야 하고, 상급자에게 절대 복종해야 하는 등 엄격한 규율을 지켜야 했습니다. 이들의 활동 덕분에 이탈리아와 에스파냐에서는 개신교가 발을 붙이지 못했고, 남부 독일과 폴란드 등에서도 가톨릭 세력이 크게 흔들리지 않았습니다. 또 새로 발견된 아메리카

위그노 전쟁
프랑수아 뒤부아가 그린 위그노 전쟁의 모습입니다. 위그노 전쟁은 개신교 신자와 로마가톨릭 신자들 사이의 분쟁으로 인해 프랑스에서 일어난 전쟁입니다.

와 아시아 지역에서의 전도 사업도 큰 성과를 거뒀습니다.

종교 재판의 강화도 개신교의 확대를 막고자 한 노력의 일환이었습니다. 로마 가톨릭은 정통 가톨릭 교리와 어긋나는 신비주의 운동에 관련된 사람들이나 이단 교리를 버리지 않는 신자들을 악마로 몰아서 불태워 죽였습니다. 개신교 또한 그러한 로마 가톨릭에 맞서 자기들 세력권 안에서 가톨릭교도를 처형했습니다.

세력을 넓히려는 프로테스탄트 교회와 이를 막으려는 가톨릭교회 사이의 이러한 갈등으로 유럽에서는 16세기 후반부터 17세기 후반까지 100여 년 동안 여러 차례에 걸쳐 이른바 '종교 전쟁'이 일어났습니다. 네덜란드의 독립 전쟁, 프랑스의 위그노 전쟁, 독일의 30년 전쟁이 모두 일종의 종교 전쟁입니다.

종교 전쟁은 처음에는 신앙 문제로 일어났지만, 전쟁이 계속되면서 거기에 정치적인 야심이 끼어들기도 했습니다. 특히 독일의 30년 전쟁은 규모가 컸던 종교 전쟁으로, 독일에 큰 피해를 입혔습니다. 이 전쟁은 1648년에 체결된 '베스트팔렌 조약'으로 막을 내렸으며, 그 결과 신교도에게도 종교의 자유가 보장되었습니다.

베스트팔렌 조약

베스트팔렌 조약은 오스나브뤼크와 뮌스터에서 체결한 평화 조약이며 프랑스 어로 작성되었습니다. 이 조약을 체결함으로써 신성 로마 제국에서 일어난 30년 전쟁과 에스파냐와 네덜란드 공화국 간의 80년 전쟁이 끝나게 됩니다. 베스트팔렌 조약은 최초의 근대적인 외교 회의를 통해 나온 것으로, 국가 주권 개념에 기반을 둔 새로운 질서를 중부 유럽에 세웠습니다.

종교 개혁은 하나로 통일되어 있던 그리스도교 세계가 나누어지는 결과를 가져왔습니다. 또한 수많은 이들의 목숨을 앗아간 이 전쟁은 서로 다른 종교를 인정해야 한다는 깨달음도 남겼습니다. 잘못된 종교 생활을 개혁하려 했던 프로테스탄트의 저항 정신은 훗날 시민 혁명의 원동력이 되었습니다.

동방 무역을 위한 새로운 항로 개척

15세기 초부터 유럽 사람들은 너도나도 동양으로 가는 새 항로의 개척을 위해 바다로 나갔습니다. 그들이 목숨을 걸고 새 항로 개척에 나선 것은 동방 무역으로 큰 부를 거머쥐고 싶어 했기 때문입니다. 마르코 폴로나 다른 여행가들이 인도나 중국을 다녀온 이야기가 전해지면서 유럽인들은 그곳에 황금이 엄청나게 많다는 생각을 갖게 되었습니다.

중세 말기부터 동방에서 들어오기 시작한 비단과 향료 등도 유럽인들을 유혹했습니다. 이 상품들은 비싼 가격에도 불구하고 불타나게 팔렸습니다. 하지만 이탈리아의 여러 도시 국가와 아라비아 상인들이 그 상권을 독점하고 있었습니다. 더군다나 15세기에 오스만 튀르크족이 동로마 제국을 멸망시키고 이슬람 제국을 건설하면서 유럽에서 동방으로 가는 바다와 육지의 모든 길이 그들의 손아귀에 들어갔습니다.

칸티노의 세계 지도
알베르토 칸티노가 의뢰하여 1502년에 제작된 세계 지도입니다. 유럽과 아프리카, 인도가 구체적으로 표시되어 있고 유럽인이 갓 발견한 아메리카의 모습도 담겨 있습니다.

오스만 튀르크는 무역을 별로 장려하지 않았기 때문에 동방과의 무역은 더욱 불안해졌습니다. 이런 여러 가지 이유들 때문에 동방으로 가는 새로운 항로 개척은 더욱 절실해졌습니다.

미지의 세계에 살고 있는 사람들에게 그리스도교를 전파하고 싶어 했던 유럽인들의 욕구도 새 항로의 개척을 열망하게 된 또 하나의 배경입니다. 더욱이 유럽인들은 아시

향료

후추나 생강, 계피 같은 향료는 고기에서 나는 불필요한 냄새를 없애고 부패를 방지하는 데 꼭 필요한 것들입니다. 서양 사람들은 주로 육식을 하기 때문에 동방에서 들어오는 이 향료들이 꼭 필요했습니다. 게다가 향료 무역에서 생기는 경제적인 이익은 상상을 초월할 만큼 막대했기 때문에, 이를 위해서라도 새로운 항로의 개척이 꼭 필요했습니다.

인간 중심과 산업 사회로의 이동, 근대 사회

대항해 시대 기념비
포르투갈 리스본에 있는 대항해 시대 기념비입니다. 이베리아 반도에 있는 에스파냐와 포르투갈은 지중해를 벗어나 대서양을 항해하여 세계로 뻗어 나갔습니다.

아나 아프리카 어딘가에 거대한 기독교 왕국이 있다는 전설을 믿었습니다. 그래서 이 왕국과 힘을 합쳐 이슬람 세력을 양쪽에서 공격할 수 있기를 기대했습니다.

이처럼 경제적 이유와 종교적 동기가 어우러져 유럽인들은 이슬람의 방해를 받지 않고 동방으로 가는 길을 찾으려 했습니다.

한편 탐험가들은 각국 군주들의 적극적인 지원을 받았습니다. 여러 나라들은 중앙 집권적인 절대 왕정으로 성장 발전하는 과정에서 막대한 경비가 필요했고 국왕들은 이 경비를 새로운 시장을 통한 해외 무역에서 얻고자 했기 때문입니다.

    탐험가들에게 새 항로 개척은 돈이 많이 드는 일이었습니다. 커다랗고 튼튼한 배, 많은 선원, 최신 기술인 나침반과 대포 같은 장비가 필요했기 때문입니다. 탐험가들은 군주와 자신들의 이해가 맞아떨어지는 이 상황을 이용하여 탐험에 드는 비용을 국왕의 지원으로 해결할 수 있었습니다.

    탐험가들에 대한 이런 지원을 아끼지 않았던 대표적인 나라가 바로 에스파냐와 포르투갈입니다. 이 두 나라는 다른 나라에 비해 일찍 통일을 이루었기에 국내 정치 상황이 안정적이었습니다. 하지만 그 두 나라는 유럽의 남서부 끝, 즉 이베리아 반도에 위치해 있었기 때문에 지중해 무역이 번성할 당시에 상대적으로 다른 나라에 비해 무역에서 소외될 수밖에 없었습니다. 그 결과 왕은 상업 활동을 할 수 있는 다른 무대가 절실히 필요했고, 탐험가들이라면 새로운 상업 무대를 제공할 것이라는 기대를 갖게 했던 것입니다.

크리스토퍼 콜럼버스
콜럼버스는 에스파냐 왕실로부터 후원을 받아 1492년, 아메리카 대륙을 발견했습니다. 그의 신대륙 발견으로 유럽 사회는 커다란 변화를 맞이하게 됩니다.

배의 속도 단위, 노트

노트(Knot)는 속력의 단위로서 기호는 kt입니다. 해양이나 항공 분야에서 사용하며, 1노트는 1시간 동안 1해리, 즉 1,882킬로미터를 가는 것을 의미합니다. 5노트란 1시간에 약 9킬로미터를 간다는 것으로, 어른이 걷는 것보다 두 배 정도 빠른 속도입니다.

『동방견문록』의 한 쪽
『동방견문록』은 13세기, 동방 세계를 방문했던 마르코 폴로의 경험을 루스티첼로가 받아 적은 책입니다. 아시아 지역에 대한 정보가 풍부하게 들어 있습니다.

콜럼버스의 신대륙 발견

1492년 8월 3일, 이탈리아의 탐험가 크리스토퍼 콜럼버스는 에스파냐의 여왕 이사벨의 도움으로 산타 마리아호를 비롯해 니냐호와 핀타호, 세 척의 배에 120명의 선원을 나눠 태우고 에스파냐의 팔로스 항을 출발했습니다. 항해의 목적은 마르코 폴로의 『동방견문록』에 나오는 황금의 섬 '지팡구'를 발견하는 것이었습니다. 그는 마르코 폴로가 육로로 말을 타고 2년에 걸쳐 여행했던 동방에 배를 타고 가고자 했습니다.

산타 마리아호는 시속 5에서 9노트 정도의 속력을 내는 그리 크지 않은 배였습니다. 선원들 역시 대부분 죄수들로 감옥 생활보다는 위험한 모험 쪽이 낫다고 생각하여 지원한 사람들이었습니다.

배는 서쪽으로 계속 항해했습니다. 바람이 없는 날 배의 속도는 걸어가는 것보다 느렸고, 그런 범선으로 대서양을 횡단한다는 것은 여간 큰 모험이 아니었습니다. 또 계속 배 위에서 생활해야 하는 선원들의 고충도 이만저만이 아니었습니다.

산타 마리아호
콜럼버스가 아메리카 대륙을 발견할 때 타고 간 산타 마리아호를 복원한 모습입니다.

그런데 콜럼버스는 큰 착각을 하고 있었습니다. 지구의 둘레를 거의 정확하게 계산한 에라토스테네스의 주장 대신 프톨레마이오스의 주장을 믿어 실제보다 4분의 1이나 작게 지구 둘레를 계산한 것입니다. 그래서 그는 지구의 반지름을 약 400해리로 보고 시속 3노트로 항해해서 한 달 정도면 도착할 수 있는 거리에 동방이 있다고 생각했습니다.

콜럼버스가 탄 배는 8월 중순 중간 보급 기지인 카나리아 제도에 도착했습니다. 그리고 9월 초 그곳을 떠나, 항해를 시작한

지 41일째 되는 10월 12일 서인도 제도의 한 섬에 도착했습니다.

콜럼버스는 이 섬을 '산살바도르'라고 이름을 붙인 뒤, 1493년 3월 포르투갈 리스본으로 돌아와 항해의 성과를 발표했습니다. 그는 자신이 발견한 땅을 인도의 서쪽 땅이라고 굳게 믿었기 때문에 그곳에 살고 있는 원주민을 인도 사람이라고 착각해 '인디언'이라고 불렀습니다.

하지만 얼마 뒤 아메리고 베스푸치라는 다른 항해사가 그곳이 인도의 서쪽 땅이 아닌 신대륙이라는 사실을 알아냈습니다. 그래서 이 신대륙을 그의 이름을 본떠 '아메리카' 대륙이라고 부르게 됐습니다. 그러나 콜럼버스는 끝까지 자기가 발견한 땅을 마르코 폴로가 말한 인도의 지팡구 지역 부근이라고 믿었습니다. 그래서 세 번이나 더 탐험을 했으나 결국 황금은 찾아내지 못했습니다.

콜럼버스의 신대륙 발견으로 유럽인들은 새로운 항로 개척에 더욱 열을 올리게 되었습니다. 에스파냐의 탐험가 바스코 누녜스 데 발보아는 미국 대륙을 횡단해 1513년 파나마 해협에서 처음으로 태평양을 발견했습니다. 또한 포르투갈의 탐험가 페르디난드 마젤란은 인류 최초로 세계 일주 항해에 나서게 되었습니다.

마젤란의 세계 일주

콜럼버스 이후 유럽의 많은 탐험가들이 새로운 도전에 나섰습니다. 그들은 콜럼버스처럼 신대륙을 뱃길로 통과하기도 하고, 새로운 뱃길을 찾아 나서기도 했습니다.

포르투갈의 항해사이자 탐험가였던 바스쿠 다가마는 콜럼버스처럼 서쪽으로 가지 않고, 아프리카 대륙을 따라 남쪽으로 내려갔습니다. 그런 모험의 항해를 시도한 것이 바스쿠 다가마가 처음은 아닙니다. 그 이전에도 많은 사람들이 그와 같은 모험에 나섰지만, 그들은 모두 중간에 포기하고 되돌아왔습니다. 그러고는 바닷물이 뜨겁게 끓고 있다든지, 산더미 같은 자석이 있다든지, 용이 나타났다든지 하며 허풍을 떨었습니다.

바스쿠 다가마는 그런 소문을 믿지 않고 남쪽으로 항해를 계속했습니다. 그리고 떠도는 이야기들이 헛소문이라는 것을 확

하늘에서 내려다본 남아프리카 공화국 희망봉의 모습
남쪽에서 부는 바람이 희망봉부터 잦아들기 때문에 배를 타는 사람들에게는 무척 중요한 곳입니다.

인했습니다. 물이 뜨겁게 끓는 바다는 나타나지 않았고, 배에 박힌 못도 뽑아낸다는 엄청난 힘을 가진 자석도 없었으며, 무서운 용이 항해를 방해하지도 않았습니다.

그는 아프리카 대륙의 남쪽 희망봉을 돌아 무사히 인도에 도착하는 데 성공했습니다. 또 그 무렵 영국인 존 캐벗은 서쪽으로 항해해서 오늘날의 캐나다 땅에 상륙한 뒤 해안을 따라 내려오며 아메리카 대륙을 탐험하고 영국으로 돌아왔습니다. 에스파냐의 발보아는 아메리카 대륙을 횡단해서 1513년, 파나마 지협에 이르러 처음으로 태평양을 발견했습니다.

페르디난드 마젤란
마젤란은 목숨을 걸고 배로 세계 일주를 했습니다. 그는 서쪽으로 지구를 한 바퀴 도는 데 성공해서 지구가 둥글다는 것을 증명해 냈습니다.

마젤란의 세계 일주 항해는 이 모든 사람의 뒤를 이은 것입니다. 마젤란은 포르투갈 사람으로 1519년 8월 10일, 에스파냐 국왕의 도움으로 선원 270명과 배 다섯 척을 이끌고 세계 일주에 나섰습니다.

항해가 길어지자 식량이 부족해서 굶어 죽은 사람도 많았습니다. 그러나 마젤란은 항해를 계속했습니다.

결국 출발할 때는 다섯 척이던 배 가운데서 네 척을 잃고 선장 마젤란마저 중간에 죽었지만 마젤란 일행은 서쪽으로 지구를 한 바퀴 도는 데 성공했습니다. 이 항해는 지구가 둥글다는 것을 증명한 것으로 유럽인의 세계관이 크게 바뀌는 데 기여했습니다.

새로운 항로 개척 뒤 유럽의 변화

신대륙의 발견과 새로운 인도 항로의 개척은 유럽에 매우 큰 영향을 주었습니다.

먼저 유럽 사람들이 귀중하게 여겼던 동양의 물품들이 새로 개척된 인도 항로를 통해 대량으로 들어오면서 값이 싸졌습니다. 동양에서 면화와 차, 도자기, 비단 등을 수입하고 금과 은을 수출했으며 신대륙에서는 감자, 옥수수, 담배, 코코아, 설탕, 커피 등을 들여왔습니다. 이런 물건들로 인해 유럽인들의 일상생활은 크게 달라졌습니다.

또 신대륙에서 많은 금과 은이 발견되어 유럽으로 들어왔습니다. 포르투갈의 헨리는 아프리카 서해안 지방에서 엄청나게 많은 금이 나오는 광산을 찾아냈으며, 에스파냐의 코르테스나 피사로는 멕시코와 페루를 정복해 많은 금과 은을 빼앗았습니다. 그 결과 많은 부를 축적한 포르투갈과 에스파냐는 유럽의 최강국이 되었습니다. 그 뒤 에스파냐의 펠리페 2세는 포르투갈까지 합병하고 광대한 식민지를 거느리는 강력한 제국을 건설했습니다.

커피콩
커피나무의 열매를 으깨서 나온 씨앗을 볶은 뒤 그것을 우려 먹는 것이 커피입니다. 아메리카 대륙의 발견으로 커피가 유럽으로 전파되었습니다.

은의 원료가 되는 은광석
은광석은 은 성분을 갖고 있는 모든 광석을 말합니다. 은광석을 용광로에서 녹여 불순물을 제거하면 순수한 은을 얻을 수 있습니다.

하지만 막대한 금과 은이 들어오면서 물가가 오르자 돈의 값어치가 떨어졌습니다. 그리 길지 않은 기간에 두 배에서 세 배까지 물가가 치솟았는데, 이를 '가격 혁명'이라고 합니다.

또한 아시아, 아프리카뿐 아니라 아메리카까지도 하나의 시장으로 만들어 해외에 넓은 시장을 확보하면서 유럽의 상공업은 규모가 더 커지고 발전하게 됩니다.

이러한 가격 혁명과 시장의 확대로 도시 상공업자들은 많은 재산을 모으며 새로운 세력으로 부상했지만, 봉건 영주와 기사 계급 등의 봉건 특권층은 상대적으로 위축되었습니다. 그래서 새로 부자가 된 시민 계급과 옛날의 체제를 지키려는 봉건 특권 계급 사이에 대립이 점점 심해졌습니다. 동시에 두 계층 사이의 대립에서 균형을 유지하며 나라를 다스리는 국왕의 권력은 점점 강해졌습니다.

신항로 개척은 유럽 경제의 중심지도 바꿔 놓았습니다. 이탈리아의 항구 도시들을 비롯해, 오스만 제국의 주요 활동 무대였던 지중해를 중심으로 한 무역이 쇠퇴하였습니다. 그리고 에스파냐와 포르투갈을 포함한 대서양 연안의 국가들이 아프리카와 아메리카까지 시장을 넓히면서 번영을 누리게 되었습니다. 결과적으로 신항로 개척은 유럽의 중심 무대가 지

대서양
지구본의 가운에 부분에 보이는 대서양은 아메리카 대륙의 동부와 유럽, 아프리카의 서부 사이에 있는 바다입니다.

중해에서 대서양으로 옮겨 가게 했으며, 그 결과 이탈리아의 도시 국가들과 오스만 제국은 쇠퇴의 길을 걷게 되었습니다.

신항로의 개척은 독자적으로 발전하던 세계 여러 지역의 문명이 서로 만나는 기회가 되기도 했습니다. 하지만 서로 다른 문명들이 조화를 이루어 발전하기보다는 유럽인들의 총과 대포 같은 선진 무기 앞에 무릎을 꿇은 셈이었습니다. 신대륙의 고유한 문명들은 파괴되었고 유럽의 식민지가 되었기 때문입니다. 중앙아메리카 멕시코 지역의 마야 문명과 아스테카 문명, 남아메리카 안데스 산맥 일대에서 일어난 잉카 문명 등이 16세기 전반 신항로의 개척과 함께 유럽의 침략을 받아 멸망한 대표적인 예입니다.

아메리카 문명

콜럼버스가 발견한 서인도 제도와 아메리카를 흔히 '신대륙'이라고 하지만, 그것은 그리 정확한 표현이라고 할 수 없습니다. 거기에는 이미 수천만 명의 인구를 가진 아스테카 왕국과 잉카 제국이 자리 잡고 있었습니다. 그들은 2만~3만 년 전 아시아에서 건너와 멕시코 고원과 안데스 산지에 수준 높은 문명을 이룩해 놓았습니다.

아스테카인들은 거대한 호수 가운데에 있는 섬들을 연결하여 규모가 웅장한 수도 테노치티틀란을 건설하였습니다. 잉카인들은 3만 킬로미터가 넘는 도로와 발달된 행정 기구를 통해

아스테카 장식
아스테카 문명의 수도인 테노치티틀란에서 발견된 조각입니다. 매우 정교하고 복잡한 무늬가 인상적입니다.

넓은 지역을 지배했습니다. 또 훌륭한 관개 시설을 만들어 농업을 발전시켰고, 하루 수만 명이 드나드는 시장이 있었을 만큼 상업도 크게 발달했습니다.

15세기에 이르러 신항로가 개척되면서, 에스파냐인들이 황금을 찾아 이곳으로 몰려들었습니다. 1519년, 에스파냐의 하급 귀족인 에르난 코르테스는 수백 명의 병력으로 아스테카 왕국을 멸망시켰고, 10년 뒤 피사로 역시 적은 수의 군대로 잉카 제국을 멸망시켰습니다. 그리고 수만 킬로그램의 금과 은을 약탈해 갔습니다. 원주민들은 높은 수준의 문명을 이룩했지만, 철기를 사용할 줄 몰랐기 때문에 총과 칼과 말로 무장한 침략자들에게 속수무책으로 당할 수밖에 없었습니다.

에르난 코르테스
아스테카 문명을 정복한 정복자 코르테스의 동상입니다.

정복자들은 원주민들에게 그리스도교로 개종할 것을 강요하면서 이교도로 몰아 대량 학살을 하기도 했고 그들의 문화를 파괴했습니다. 더욱 끔찍한 결과를 가져온 것은 정복자들과 함께 들어온 홍역, 천연두, 장티푸스 같은 전염병이었습니다. 전염병에 대한 면역력이 없었던 원주민들은 100여 년 사이에 인구의 90퍼센트 이상이 사망했습니다.

마야 문명과 아스테카 문명

아메리칸 인디언의 조상은 아시아 사람들로 알려져 있습니다. 2만 년 전 아시아와 북아메리카가 육지로 연결되어 있었을 때, 아시아 사람들이 북아메리카로 이동해 갔다는 것입니다.

인디언들은 유럽인들의 침입이 있기 전까지 아메리카 대륙의 주인으로서 그들만의 독특한 문명을 이루며 살았습니다. 중

과테말라 티칼 국립 공원에 있는 마야 문명의 유적지
마야 문명의 뛰어난 천문학과 건축술은 지금까지 남아 있는 여러 유적을 통해 알아볼 수 있습니다.

앙아메리카의 멕시코 고원에는 마야 문명과 아스테카 문명이, 남아메리카의 안데스 산맥 일대에는 잉카 문명이 있었습니다.

맨 먼저 화려한 문명을 꽃피운 사람들은 기원전 1세기경 열대 우림 지대인 고원에 도시 국가를 건설한 마야인들입니다. 그들은 정확한 태양력과 20진법을 사용할 정도로 수준 높은 천문학 지식을 가지고 있었습니다. 금, 은, 동으로 섬세한 장식품을 만들기도 했으며 토기를 사용했습니다. 그뿐만 아니라 상형 문자를 만들어 사용하고, 달력을 만들어 농사에 이용하는 등 앞선 문명을 자랑했습니다.

마야 문명의 최대 유적지는 과테말라에 있는 티칼 국립 공원으로 다섯 개의 대신전과 크고 작은 피라미드, 돌 비석들이 남아 있습니다. 이렇듯 찬란한 문명을 꽃피웠던 마야족은 9세기 이후 흔적도 없이 사라졌습니다. 멸망의 원인으로는 인구 증가로 삼림이 사라졌기 때문이라는 주장, 또는 전염병과 이민족의 침입 때문이라는 주장 등 여러 가지가 있습니다.

멕시코시티에서 북동쪽으로 한 시간 정도 가면 멕시코가 자랑하는 거대 유적을 만날 수 있습니다. 아메리카 최대의 도시 국가로 알려진 테오티우아칸 도시 유적으로 웅장한 피라미드와 궁전, 광장과 사원 등이 남아 있습니다. 테오티우아칸은 언제 누가 지었는지에 대해서 전혀 알려져 있지 않습니다. 테오티우아칸은 해발 2,300미터의 멕시코 고원에 위치했던 도시로 전성기 때 도시 인구가 10만에 가까웠다고 합니다. 이는 같은 시

아즈텍 태양의 피라미드
사람을 제물로 바치던 태양의 피라미드입니다. 아즈텍인들은 자신들의 도시가 세계의 중심이라고 생각했습니다.

기 전 세계 모든 도시들 가운데 가장 많은 인구입니다.

아즈텍족은 1300년경 멕시코 북부 지역에 아스테카 문명을 탄생시켰습니다. 그리고 그 무렵부터 도시를 건설하기 시작해서 15세기 전반에는 중앙아메리카 대부분을 차지하는 제국을 이루었습니다. 아즈텍인들은 피라미드 형태의 신전을 만들었

멕시코 칸쿤에 있는 전사의 신전
1,000개의 돌기둥에 둘러싸여 있는 신전으로 신전 앞 차크 모르 석상이 반쯤 누워 고개를 돌리고 있는데, 이 차크 모르의 배 위에 살아 있는 사람의 심장을 놓고 의식을 행하였다고 전해 옵니다.

습니다. 현재 남아 있는 것 가운데 가장 큰 신전은 한 변의 길이가 230미터, 높이는 63미터나 됩니다. 그들은 이 신전에 사람을 제물로 바쳤습니다. 아즈텍인들은 죽은 뒤에도 영혼이 계속 살아남는다고 생각했기 때문에 사람을 제물로 바치는 것을 그리 잔인하다고 생각하지 않았습니다. 아즈텍족은 태양신을 비롯

태양의 돌
태양의 돌이라고 불리는 아스테카 문명의 달력입니다. 15세기에 만들어진 이 돌은 지름 3.6미터에 무게는 24톤이나 됩니다. 중앙에 태양신이 있고 그 주위에 과거에 멸망한 네 개의 시대를 상징하는 맹수의 신, 바람의 신, 비의 신, 물의 신이 새겨져 있습니다.

해 비, 바람, 대지의 신을 섬겼습니다. 모두 농사와 관련이 있는 신들입니다.

아즈텍의 수도 테노치티틀란은 호수 한가운데 자리 잡은 아름다운 도시였습니다. 20만~30만 명의 사람이 살았으며 도시 각 지역에는 공중화장실이 설치되어 있었고, 호수의 물을 육지로 끌어들여 식수로 사용하기도 했습니다.

콜럼버스가 서인도 제도에 도착했을 때 아스테카 왕국은 최전성기에 있었습니다. 그러나 황금을 찾아온 유럽인들에게 아스테카 왕국은 멸망하고 맙니다. 에스파냐의 코르테스는 아즈텍의 수도로 쳐들어가 총과 대포로 원주민들을 무자비하게 학살하고, 태양신을 모시는 신전이 있던 자리에 성당을 세웠습니다.

원주민들은 필사적으로 맞서 싸웠지만 창과 방패로 총과 대포를 이길 수는 없었습니다. 오늘날 멕시코의 수도였던 멕시코시티는 옛날 아스테카 문명의 수도 테노치티틀란이 있던 곳입니다.

마추픽추
페루에 있는 잉카의 고대 도시 마추픽추의 모습입니다. 마추픽추는 '오래된 도시'라는 뜻으로, 해발 2,057미터에 위치해 있으며 3,000개의 계단으로 연결되어 있습니다.

피사로
잉카 제국을 정복한 피사로의 동상입니다. 피사로는 잉카 제국을 정복한 뒤 현재 페루의 수도인 리마를 건설했습니다.

잉카 문명

중앙아메리카의 멕시코에서 마야 문명이 번성했던 것처럼, 같은 시기 남아메리카 안데스 고원에서는 잉카 문명이 번영을 누리고 있었습니다.

잉카는 '신 같은 왕'이라는 뜻으로, 잉카 제국의 수도는 쿠스코였습니다. 그들은 정복 전쟁으로 지금의 페루와 콜롬비아, 칠레 일대를 아우르는 제국을 건설했습니다.

잉카 문명이 꽃핀 곳은 높은 산악 지대로, 잉카인들은 산악 지대에 물을 끌어 올려 농사를 지었을 만큼 관개 시설을 잘 갖추고 있었습니다. 돌을 깎아 집을 짓는 기술도 매우 발달했습니다. 그들이 산꼭대기에 건설한 도시는 지금도 남아 있고, 그 대표적인 도시가 마추픽추입니다. 또 그들은 토기와 금, 은, 동으로 만든 그릇을 사용했으며, 세밀한 무늬를 수놓은 화려한 빛깔의 옷감을 짜서 옷을 만들어 입었습니다. 의술도 발달해서 뇌 수술까지 거뜬히 했으며, 키푸라는 글자를 가지고 있었습니다. 키푸는 노끈에 매듭을 지어 뜻을 나타내던 글자입니다.

이렇게 찬란한 문명을 꽃피웠던 잉카 제국도 에스파냐의 프란시스코 피사로에게 멸망하고 말았습니다. 1532년, 피사로는 200명이 채 안 되는 병사를 이끌고 잉카 제국에 도착해 대포로 원주민들을 무자비하게 학살한 뒤 잉카 제국을 에스파냐의 식민지로 만들었습니다.

강해진 국왕의 권력, 절대 왕정 시대

100년 전쟁을 거치면서 각 국가는 나라를 지키기 위해서는 왕을 중심으로 한 강력한 국가가 필요하다는 것을 깨닫게 되었습니다. 그래서 왕권을 강력하게 만들기 위해 왕의 지시를 받아 일사불란하게 움직일 수 있는 왕 직속 관료 조직을 만들었습니다. 또한 직업이 군인인 상비군도 조직하게 됩니다.

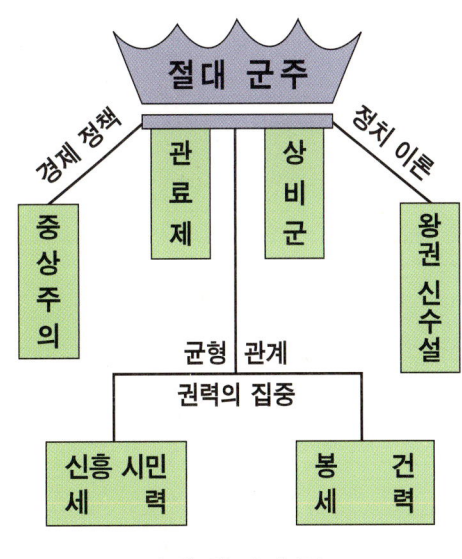

절대 왕정의 구조

이를 통해 중세 말 봉건 영주들에 의해 여러 개로 나뉘어 있던 나라가 국왕을 중심으로 통일되었습니다. 그래서 16, 17세기에 이르자 왕은 아무런 제약 없이 절대적인 권력을 행사하며 나라를 다스리는데, 이 시기를 '절대 왕정' 또는 '절대주의 시대'라고 합니다. 이

레오나르도 다빈치가 그린 용병의 모습
용병은 돈을 받고 일하는 군인입니다.

러한 절대 왕정을 이론적으로 뒷받침하는 것이 왕권신수설입니다. 왕권신수설이란 왕의 자리는 신이 내려 준 것이니 국민은 신에게 복종하듯 왕에게도 복종해야 한다는 것입니다.

물론 절대 왕권을 제약하는 세력이 아주 없었던 것은 아니었습니다. 바로 세습 귀족과 의회 세력이 그들입니다. 하지만 국왕은 상비군과 관료제를 이용해서 그들을 굴복시켜 나갔습니다. 관료는 국왕의 뜻을 충실하게 받들어 나라를 운영했고, 상비군은 국왕에게 강력한 군사적 힘을 보태는 것으로 반대 세력을 제압했던 것입니다. 이렇듯 절대 왕권을 위해서는 국왕에게 충성하는 관료와 상비군이 꼭 필요했습니다.

관리의 대부분은 시민 계층으로 능력과 전문 지식을 갖춘 사람들이었습니다. 또 언제든지 동원할 수 있는 상비군은 대부분 하층민들로 이루어진 용병들이었습니다. 이들 관료와 상비군을 운용하기 위해서는 막대한 비용이 필요했습니다.

국왕은 이 비용을 충당하기 위해 신흥 시민 계층과 손을 잡았습니다. 신흥 시민 계층은 중세 말기에 성립된 대상인과 금융업자들로, 이들이 전국적인 경제 활동과 대외 무역을 더욱 활발히 하기 위해서는 국왕의 보호가 필요했습니다.

식민지에서 강탈해 오는 금과 은에는 한계가 있었습니다. 그래서 국왕은 상업을 중요하게 여기는 정책을 써서 외국에서 들여오는 물건에는 높은 관세를 매기고 수입을 억제해서 나라의 재정 수입을 늘리려고 했습니다. 또 국내 산업을 보호하고 외국 기술을 도입하며 식민지를 더 많이 확보하고, 자기 나라를 중심으로 식민지를 경영하는 정책을 썼습니다. 이를 중상주의 정책이라고 하는데 법이나 관세를 통해 국내의 상공업을 보호하는 정책을 말합니다.

이처럼 국왕과 시민 계급의 이해관계가 딱 맞아떨어져 탄생한 절대 왕정은 봉건 사회에서 근대 시민 사회로 옮겨 가는 과정에서 나타난 과도기적 정치 형태입니다. 절대 왕정은 르네상스 운동으로부터 시작된 시민들의 자유와 사회 제도 변화에 대한 갈망을 담아내는 데에는 한계가 분명했기 때문에 결국 시민 혁명에 의해 붕괴됩니다.

> ### 위그노
>
> 위그노는 프랑스 말로 프랑스의 개신교 신자들을 가리키는 말입니다. 칼뱅의 뜻을 따르는 프랑스 개신교 신자들은 스위스 제네바에서 서로 뭉쳤는데, 나중에 이들을 '프라이부르크, 베른, 제네바의 동맹'이라는 뜻으로 위그노라고 부르게 되었습니다.

유럽의 절대주의 국가들

16세기에 르네상스의 꽃을 피웠던 프랑스는 17세기에 앙리 4세가 30년 동안 계속된 위그노 전쟁을 끝내고 낭트 칙령을 선포하면서 절대 왕정의 기초를 마련했습니다.

루이 13세 때는 재상 리슐리외의 활약으로 절대 왕정 체제가 확립되었습니다. 리슐리외는 지방에 관리를 파견하는 등 관료제를 확립하여 귀족 세력을 약화시켰습니다. 또한 그는 독일의 30년 전쟁에 개입해서 신교도를 지원하고, 오스트리아를 견제했습니다.

루이 14세 때에 이르러 프랑스의 절대 왕정은 전성기를 맞았습니다. 루이 14세는 '왕권신수설'을 주장했는데 '왕권신수설'이란 앞서 말했듯이 국왕의 권력은 신에게서 나오

낭트 칙령

낭트 칙령이란 프랑스의 앙리 4세가 30년 동안 계속된 개신교도와 로마 가톨릭교도 간의 위그노 전쟁을 끝내기 위해 신교파인 위그노에게 조건부 신앙의 자유를 인정한 것을 말합니다. 1598년 4월 13일, 프랑스 왕 앙리4세가 낭트에서 공식적으로 선포했다 하여 낭트 칙령이라고 합니다.

칙령

왕이 발행하는 명령서를 칙령이라고 합니다. 보통 동양에서는 고급 관료를 임명할 때 사용했고, 서양에서는 왕이 중요한 명령을 내릴 때 사용했습니다. 조건부 신앙의 자유를 인정한 낭트 칙령과 로마 제국이 종교적 예배에 대해 중립적 입장을 취한다는 밀라노 칙령이 유명합니다.

베르사유 궁전
루이 14세가 파리에서 이 궁전으로 거처를 옮긴 뒤부터 베르사유 궁전은 프랑스 권력의 중심지였습니다. 이 궁전은 바로크 건축의 대표 작품으로 호화로운 건물과 광대하고 아름다운 정원으로 유명합니다.

루이 14세
'태양왕'이라 불린 루이 14세의 모습입니다. 루이 14세는 절대 왕권을 확립하고 72년간 프랑스를 통치했지만, 사치와 향락으로 국가 재정을 탕진하고 왕정을 약화시킵니다.

왕권신수설

절대주의의 이론적 배경이 되었던 왕권신수설은 국왕의 권리는 신에게서 받은 것이며 그렇기 때문에 절대적인 것이라는 주장입니다. 왕권신수설에 따르면 왕이 아닌 의회나 귀족은 왕의 권력을 제한할 수 없습니다. 이렇게 절대 왕정의 왕들은 자기 권력의 정당성에 대한 근거를 인간 사회가 아닌 신에게서 찾으며, 절대적인 것으로 여겼습니다. 왕권신수설을 주장한 사람으로는 프랑스의 장 보댕, 루이 14세, 영국의 제임스 1세 등이 있습니다.

는 것이므로 어떠한 이유로든 백성이 이를 제한할 수 없다는 주장입니다. 재상이었던 마자랭은 지방 행정 제도를 개편하여 중앙 집권을 강화했습니다. 그 뒤 재상이 된 콜베르는 중상주의 정책을 실시하고 군대를 육성했습니다. 그 결과 프랑스는 당시 유럽에서 가장 강력한 군사력을 가진 군사 대국이 될 수 있었습니다. 또 문학, 과학, 음악, 미술, 건축 등 각종 아카데미가 생겨나고, 국왕의 보호 아래 많은 예술가들이 쏟아져 나와 프랑스는 유럽 문화의 중심지가 되었습니다.

　루이 14세는 말년에 자신의 위상을 높이기 위해 스스로를 태양왕이라고 불렀습니다. 하지만 절대 권력은 절대 부패한다는 말처럼 승승장구하던 절대 왕정은 스스로 타락의 길로 접어들었습니다. 루이 14세는 베르사유 궁전을 짓느라 많은 돈을 탕진하고 유흥과 놀이에 빠져들었으며, 귀족 관리 계급들도 사치와 과소비를 일삼았습니다. 에스파냐의 왕위 전쟁에 개입해 국가 재정을 탕진한 결과 프랑스의 절대 왕정은 크게 약화되었습니다. 1685년에는 낭트 칙령을 폐지하고 종교의 자유를 인정하지 않음으로써 상공업자가 대부분이었던 신교도, 즉 위그노들이 프랑스를 떠나 영국과 네덜란드로 대거 이주하게 돼 상업과 제조업마저 쇠퇴했습니다.

　왕실은 이러한 재정의 악화를 국민에게 많은 세금을 부과하는 것으로 만회하려 해 연이은 흉작으로 굶주린 백성들을 더욱 고통스럽게 했습니다. 그 결과 절대 왕정과 봉건 세력에 맞서는 시민 혁명의 싹이 자라기 시작했습니다.

　영국에서 절대 왕정이 시작된 것은 15세기 말에 통치한 헨리

영국의 절대 왕정 시대를 연 헨리 7세의 모습
헨리 7세는 귀족과 교회의 권위를 약화시키고 자신을 지지하는 사람들에게 이익을 줌으로써 왕권을 강화했습니다.

7세 때입니다. 헨리 7세는 장미 전쟁이 끝난 뒤 봉건 귀족의 토지를 몰수하고, 국왕 중심의 정치 체제를 만들었습니다. 해상 무역을 육성하고, 상공업을 적극적으로 장려하는 정책도 폈습니다. 또 국왕 중심의 종교 개혁을 단행해서 교회의 토지를 몰수해 자신의 지지자들에게 나누어 주었습니다. 그러한 바탕 위에서 절대주의 왕정이 완성되었습니다.

동인도 회사

1600년, 영국은 여러 사람들로부터 투자금을 모아 동방의 향신료 무역에 참여하기 위해 동인도 회사를 만들었습니다. 동인도 회사는 군대를 소유하고 정부를 대신해 식민지를 만들고 운영할 수 있는 등, 여러 가지 무역상의 특혜를 누렸습니다. 당시 인도는 동인도 회사가 경영하던 식민지 중 하나였습니다.

영국 동인도 회사 건물
영국 동인도 회사는 인도양과 동아시아의 모직물 및 향료 등을 영국이 독점적으로 사고팔기 위해 세워진 민간 회사입니다. 동인도 회사는 해상권을 장악한 영국이 식민지를 개척하는 데 앞장섰습니다.

인간 중심과 산업 사회로의 이동, 근대 사회

엘리자베스 1세가 다스렸던 16세기 중후반은 영국의 절대 왕정이 가장 번성했던 시기입니다. 여왕은 영국 국교회를 확립했고, 화폐를 통일했으며, 특허 회사를 설립해서 자본을 축적했습니다. 또 1588년에는 칼레 해전과 그라블린 해전에서 대서양 무역을 장악하고 있던 에스파냐의 무적함대를 격파해 해상권을 장악했습니다.

영국은 해외 식민지 개척에도 힘써 인도에 동인도 회사를 설

그라블린 해전
에스파냐의 무적함대와 영국의 해군 선박이 그라블린 해전에서 뒤엉켜 싸우는 장면입니다. 이 전투에서 에스파냐가 패배하면서 영국이 해상권을 장악하게 됩니다.

립하여 아시아 지역에 적극적으로 진출하였고, 아메리카에도 식민지를 건설했습니다. 그러나 영국의 상공업은 국왕의 특권을 등에 업은 대상인들이 독점권을 갖고 있었기 때문에 많은 세금을 내야 하는 일반 상공업자들이 거세게 반발했습니다.

에스파냐는 서유럽의 여러 나라 가운데 맨 먼저 절대 왕정을 확립한 국가입니다. 펠리페 2세가 왕의 자리에 있을 때 에스파냐는 세계에서 제일 부자 나라였고, 127척의 군함으로 구성된 무적함대를 자랑했습니다. 펠리페 2세는 지중해로 진출하는 오스만 튀르크를 1571년 레판토 해전에서 격파하고, 포르투갈을 병합하여 유럽 최대의 강국이 되었습니다.

펠리페 2세의 흉상
합스부르크 왕가 출신으로 에스파냐 국왕이 된 펠리페 2세는 포르투갈의 국왕도 겸했습니다. 그는 메리 1세의 남편으로서 잉글랜드의 공동 통치 국왕이기도 했습니다.

에스파냐 번영의 바탕이 된 것은 모직물을 비롯한 직물 공업과 신대륙에서 들어오는 막대한 금과 은이었습니다. 하지만 신대륙에서 들어오는 은과 금은 국내 산업에 투자되지 않은 채 궁중의 사치와 관료제 유지 등에 쓰였습니다. 게다가 끊임없이 계속된 전쟁 비용 역시 이 금과 은으로 충당했습니다. 왕성했던 직물 공업은 영국과 네덜란드의 기계를 사용한 직물 공업에 밀리게 되었습니다. 국력을 키운 네덜란드는 에스파냐로부터 독립을 했고, 1588년에는 해상 지배권을 두고 벌인 영국과의 전쟁에서마저 에스파냐는 지고 말았습니다. 이렇게 에스파냐는 급격하게 쇠퇴의 길을 걷게 되었습니다.

30년 전쟁 중 행해진 교수형의 모습
프랑스의 화가 자크 칼로가 작업한 동판화입니다. 자크 칼로는 교수형 외에도 형벌, 약탈, 습격, 방화 등 전쟁 중 일어난 수많은 참상을 동판화로 제작하여 고발했습니다.

영방 국가

신성 로마 제국은 황제의 힘이 약해져서 왕권에 속했던 각종 권한이 끊임없이 제후들에게 넘어갔습니다. 그래서 제후국들은 형식적으로는 신성 로마 제국에 소속되어 있으나, 군대를 따로 가지고 세금도 각각 따로 거두는 등 독립적인 주권을 행사하고 있었습니다. 이와 같은 준 독립국 형태의 지방 국가를 '영방 국가'라고 했습니다. 1648년, 베스트팔렌 조약으로 영방 국가의 주권이 국제적으로 승인되었습니다. 오스트리아와 프로이센 등도 하나의 영방 국가입니다.

30년 전쟁과 베스트팔렌 조약

신성 로마 제국은 중세 이후 오랫동안 여러 나라로 나뉘어 '영방 국가'를 이루고 있었습니다. 지금의 체코이자 신성 로마 제국의 영방 국가였던 보헤미아의 왕은 개신교를 탄압하기로 유명했습니다. 그러던 그가 신성 로마 제국의 황제가 되었습니다. 황제가 되어서도 그는 개신교도들을 심하게 탄압했습니다. 거기에 맞서 개신교 귀족들은 그를 보헤미아의 왕으로 인정하지 않고 다른 왕을 세우려고 합니다. 그러자 황제는 같은 가톨릭 국가인 에스파냐에 지원을 요청합니

베스트팔렌 조약
이 조약은 30년 전쟁을 끝내고 새로운 유럽의 모습을 만들어 낸 조약입니다.

다. 가톨릭 군대와 개신교 군대가 보헤미아의 수도 프라하에서 맞서 싸웠고, 이 싸움에서 개신교 군대가 패합니다. 그러자 덴마크가 신교를 구하기 위해 독일을 침략합니다. 여기에 독일과 에스파냐의 세력을 견제하던 영국, 에스파냐로부터 독립을 꿈꾸는 네덜란드도 덴마크를 지원하며 개신교도 편을 듭니다. 여기에 스웨덴, 프랑스 등도 각 나라 간의 이해관계가 맞물리면서 30년 전쟁에 뛰어듭니다.

신성 로마 제국 내의 한 지역에서 벌어진 신교와 구교의 싸움에서부터 시작된 30년 전쟁은 곧 여러 나라 간의 이해관계가 복잡하게 얽히면서 유럽 전 지역으로 확대되었습니다.

1618년부터 1648년까지 30년 동안 계속된 이 전쟁은 결국 페르디난트 2세에 이어 신성 로마 제국의 황제가 된 페르디난트 3

세가 끝냅니다. 페르디난트 3세는 전쟁이 더 이상 아무에게도 도움이 되지 않는다며 전쟁을 끝내자고 제의했습니다. 그 제의를 받아들여 1648년 베스트팔렌에서 신교를 인정하는 평화 협정을 맺었습니다. 66개국의 대표가 모여 종교의 자유를 인정한 최초의 이 근대적 국제 조약을 베스트팔렌 조약이라고 합니다. 이 조약으로 인해 신교를 지지한 신성 로마 제국 내의 영방 국가들은 독립 국가로 발돋움하게 됩니다. 18세기 신성 로마 제국의 영토는 지금의 독일, 체코의 서부인 보헤미아 지역, 오스트리아, 벨기에, 폴란드, 네덜란드, 스위스, 프랑스의 부르고뉴 지방, 이탈리아 일부를 포함하고 있었습니다. 그런데 베스트팔렌 조약을 체결함으로써 신성 로마 제국은 사실상 해체되어 오스트리아와 그 주변국으로 축소되었고 스위스와 네덜란드 등 많은 국가가 독립을 했습니다. 또한 신교를 지지한 프랑스는 강대국으로 떠올랐으며, 오늘날 독일의 모태인 프로이센 왕국이 역사의 전면에 등장하게 됩니다.

프로이센의 국기
베스트팔렌 조약으로 신성 로마 제국이 해체된 뒤 새로운 강자로 떠오른 프로이센의 국기입니다.

프로이센의 등장

당시 독일 안에는 제각기 다른 군주가 다스리는 작은 나라가 300여 개 있었습니다. 그런데 그 군주들 중 이 작은 나라들을 하나의 큰 나라로 통일시키고 싶어 한 군주가 있었습니다. 바로 프로이센의 빌헬름 1세입니다. 그는 300개가 넘는 작은 나라들을 모두 합쳐 하나의 통일된 왕국으로 만들기 위해 심혈을 기울였습니다.

독일 동북부에 자리 잡은 프로이센은 십자군 전쟁에 가담했던 기사들이 황제의 허락을 받아 세운 나라입니다. 프로이센 역시 30년 전쟁으로 많은 피해를 입었으나, 베스트팔렌 조약의 결과 독립 국가로 인정받게 되었습니다. 그리고 빌헬름 1세는 왕으로 있는 동안 프로이센이라는 최초의 독일 왕국의 기틀을 마련했습니다.

프리드리히 대제
야영지에 머물고 있던 프리드리히 대제의 모습을 담은 그림입니다. 프리드리히 대제는 프로이센을 당시 유럽 최강의 군사 대국으로 성장시켰습니다.

빌헬름 1세는 군대를 튼튼히 키우고 브란덴부르크를 프로이센 왕국에 합쳤습니다. 또한 프로이센 대학을 세우고, 독일어를 연구하게 했으며, 누구나 독일어를 사용할 수 있게 교육했고, 귀족과 국왕이 협력하는 절대 왕정의 모습을 갖추어 나갔습니다.

프리드리히 1세의 뒤를 이어 프리드리히 대제라고 불리는 프리드리히 2세가 왕이 되었습니다. 그는 "왕은 나라의 첫 번째 심부름꾼이다."라는 유명한 말을 남기며 프로이센을 크게 발전시켰습니다. 프리드리히 대제는 군주와 국민이 한 몸이 되어야

인간 중심과 산업 사회로의 이동, 근대 사회

7년 전쟁

오스트리아가 프로이센이 점령한 슐레지엔을 되찾기 위해 프랑스, 러시아와 동맹을 맺자 프로이센은 영국과 동맹을 맺어 작센 지방을 공격합니다. 7년 동안 계속된 이 전쟁을 '7년 전쟁'이라고 합니다. 전쟁은 오스트리아가 슐레지엔에 대한 프로이센의 통치권을 보장하는 것으로 끝났습니다. 한편 영국은 유럽에서 벌어진 이 전쟁과 동시에 인도와 북아메리카에서 프랑스와 식민지 쟁탈전을 벌이고 있었는데 거기에서도 승리합니다. 그 결과 영국은 프랑스로부터 루이지애나와 캐나다를 얻는 등 세계적인 대제국으로 거듭나게 되었습니다.

한다고 주장하며 프로이센을 힘 있는 나라로 만들려고 했습니다.

프리드리히 대제는 군대 육성에 더욱 힘을 기울여 강력한 군사력을 바탕으로 세력 확장에 나섰습니다. 먼저 이웃 나라인 오스트리아를 공격해서 섬유 공업이 발달하고 석탄과 철이 풍부하게 매장된 공업의 요충지 슐레지엔을 무력으로 빼앗았습니다.

복수의 칼을 갈던 오스트리아 여왕 마리아 테레지아는 1756년에 러시아, 프랑스와 동맹을 맺어 프로이센을 공격했습니다. 이 전쟁이 7년간 계속되었기 때문에 7년 전쟁이라고 부릅니다. 1759년 프로이센은 수도 베를린까지 몰리게 되었습니다. 하지만 러시아의 여왕이 갑자기 죽으면서 오스트리아 연합군이 약해지고, 영국이 프로이센을 지원하면서 반격을 시작했습니다. 결국 프로이센은 1763년 후베르투스부르크 조약을 통해 슐레지엔을 자기 땅으로 승인받게 됩니다.

전쟁을 승리로 이끈 프리드리히 2세는 늘 군복을 입고 다니며, 나라의 가장 중요한 일은 강한 군대를 갖는 것이라고 주장했습니다. 또 강한 군대를 만들기 위해 엄격하게 훈련을 시켰습니다. 당시에는 장교가 되면 여러 가지 특권을 누릴 수 있었기 때문에 많은 병사들이 장교가 되기를 소원했습니다.

강한 군대를 유지하기 위해서는 돈이 필요했고, 그러기 위해서는 경제적인 발전이 뒷받침되어야 했습니다. 그래서 프리드리히 대제는 농민들에게 농기구나 씨앗을 무료로 배급하고, 도로와 교량과 운하 등을 개발했으며, 늪지대를 개간해서 공장을 세웠습니다.

마리아 테레지아
마리아 테레지아는 오스트리아의 유일한 여성 통치자이자, 합스부르크 왕가의 마지막 군주였습니다.

슐레지엔의 수도였던 브로츠와프의 현재 모습
슐레지엔 지방은 현재 폴란드의 남서부 지역을 말합니다. 후베르투스부르크 조약으로 프로이센이 슐레지엔 지방을 차지하면서 7년 전쟁은 막을 내립니다.

프리드리히 대제는 백성을 위해 일하는 계몽 절대 군주의 본보기가 되었습니다. 또한 그의 노력으로 프로이센은 유럽의 강국이 되었고, 훗날 프로이센 왕국이 독일이라는 현대 국가로 발전할 수 있는 기틀을 마련했습니다.

러시아 건국의 아버지, 표트르 대제

영국, 프랑스, 독일 등 서양 여러 나라들과 중국, 한국, 일본 등 동양의 여러 나라들 사이에는 거대한 나라 러시아가 있었습니다.

오랫동안 몽골족의 지배를 받았던 러시아는 1700년대 이전까지만 해도 그 이름이 세상에 알려지지 않았습니다. 러시아는 15세기 말 모스크바 대공국의 이반 3세 때 독립을 이루었고 16세기에 국가의 틀을 갖추었습니다. 원주민은 슬라브족이지만, 영토가 워낙 넓어서 황색 인종과 백색 인종이 섞여 있습니다.

이반 4세 때 지방에 관리를 파견하고 상비군을 창설하여 귀족 세력을 억누르고, 비로소 황제라는 호칭을 사용했습니다. 또 영토 확장에도 힘써 아시아의 카스피 해와 시베리아 지방으로 진출하였습니다. 중세의 러시아 남자들은 수염을 길렀고, 여자들은 남자들과 섞이지 않은 채 외출할 때도 베일을 썼으며, 왕

프리드리히 2세의 동상
여러 전쟁에서 승리하며 프로이센을 유럽의 강대국으로 만든 프리드리히 2세는 악습을 폐지하고 학문을 부흥시켰으며, 직접 책도 쓰는 등 예술적 관심과 재능까지 겸비하고 있었습니다.

은 절대 권력을 가지고 나라를 다스리는 등 서양보다 동양에 더 가까웠습니다.

이후 러시아는 이반 4세가 대를 이을 자손이 없이 죽자 잠시 혼란을 겪다, 프로이센과 거의 비슷한 시기에 표트르 대제의 활약으로 세계 역사의 전면에 등장하게 됩니다.

표트르 대제로 더 유명한 표트르 1세가 황제 자리에 오르면서 러시아는 서양으로 눈을 돌려 본격적인 개혁을 하게 됩니다. 형식을 싫어했던 그는 교회나 궁정의 의식에 별 관심이 없었고, 앞선 서양의 기술에 많은 관심을 가졌습니다. 그래서 서유럽의 기술과 문화를 적극 받아들였습니다. 네덜란드를 여행했을 때는 황제라는 신분을 숨기고 배 만드는 공장에 견습공으로 들어가 조선 기술을 익혔을 만큼 표트르 대제는 새로운 문물을 받아들이는 데 적극적이었습니다.

표트르 대제는 스물다섯 살에 250여 명의 사절단을 이끌고 서유럽의 여러 나라를 친선 방문했습니다. 하지만 친선 방문은 명목이었을 뿐, 실제로는 유럽의 선진 군사 제

슬라브족

유럽의 동부 및 중부에 걸쳐 살며 슬라브 어를 사용하는 아리안계의 여러 민족을 통틀어 부르는 말입니다. 주로 러시아, 우크라이나, 폴란드, 체코, 슬로바키아, 유고슬라비아, 불가리아, 세르비아, 크로아티아 등지에 살고 있습니다. 백인종에 금발이 많으며, 주로 농업에 종사하고 비잔틴 문화의 영향을 많이 받았습니다.

젊은 시절 표트르 1세의 모습
그는 화려한 의식이나 불합리한 전통을 싫어했고 실리적이며 과학적인 것들에 관심을 기울였습니다.

도와 무기 만드는 기술을 배우려는 것이었습니다. 그는 독일에서 대포 만드는 법과 포병 훈련 과정을 익혔고, 네덜란드의 조선소에 갔을 때는 대장간 일과 신발 만드는 일까지 배웠습니다.

또 러시아의 발전을 위해서는 유럽의 발전을 배워야 한다고 생각해서 많은 젊은이들을 유럽으로 유학 보냈고, 유럽의 문화와 기술을 들여오기 위해 유럽인을 러시아로 초청했습니다. 생활 풍습도 유럽식으로 바꿨습니다. 신하들의 긴 수염을 직접 자르고, 동양식 긴 옷을 서양식으로 바꿔 입게 했으며, 귀부인들은 가슴이 파인 옷을 입고 무도회에 참석하게 했습니다.

표트르 대제가 제일 공을 들인 것은 조선소 건설이었습니다. 러시아가 밖으로 뻗어 나가려면 무엇보다 바다로 진출하는 것이 중요하다고 믿었기 때문입니다. 그는 새로운 수도로 선포한 상트페테르부르크에 조선소를 짓고 날마다 찾아가 두 시간씩 직접 감독을 했습니다. 그렇게 배들을 만들었지만 러시아에는 배가 드나들 만한 항구가 없었습니다. 러시아의 북쪽 해안 지대는 너무 추워서 배들이 근접할 수 없었기 때문에 따뜻한 항구가 필요했습니다.

표트르 1세는 발트 해를 눈여겨보았습니다. 표트르 1세는 유럽 세계와 직접 접촉할 수 있는 지역, 즉 '서방으로의 창'을 발트 해에 마련하고자 했습니다. 그 당시 발트 해 연안은 스웨덴의 영토였습니다. 그래서 러시아는 덴마크, 노르웨이와 동맹을 맺고 스웨덴과 전쟁을 벌였습니다. 덴마크, 노르웨이, 스웨덴은

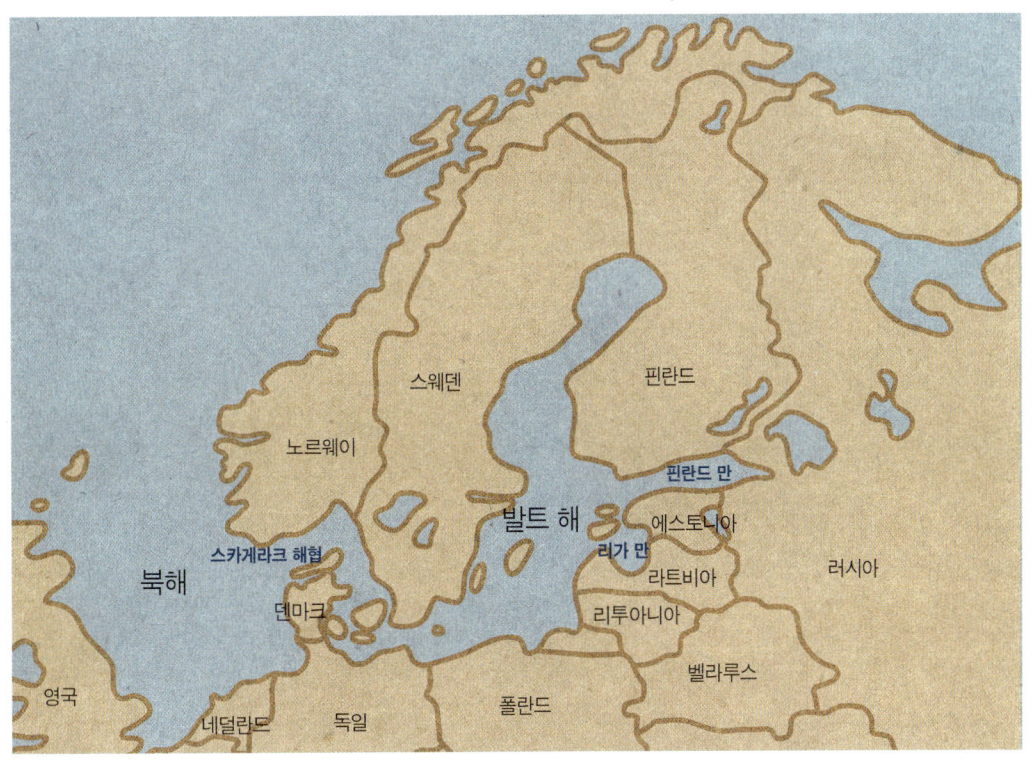

발트 해
발트 해는 스칸디나비아 반도와 북유럽 국가들로 둘러싸여 있는 바다입니다. 바이킹의 주요 활동 무대이자 중세 시대 한자 동맹의 교역로이기도 했습니다.

원래 같은 왕의 지배를 받았습니다. 그러다가 스웨덴이 따로 독립을 해 힘이 점점 강해지자 덴마크와 노르웨이는 러시아와 힘을 합쳐 스웨덴을 견제할 필요가 있었습니다. 1700년부터 1712년까지 있었던 이 전쟁을 북방 전쟁이라고 하는데, 러시아는 여기서 이겨 발트 해의 동쪽 해안을 손에 넣었습니다. 이로써 사계절 내내 배가 드나들 수 있는 '얼지 않는 항구'를 확보했으며, 서양으로 나갈 수 있는 문도 활짝 열렸습니다. 그래서 '러시아의 역사는 표트르와 함께 시작되었다.'라는 말이 있을 만큼 그

강구트에서 러시아의 승리
러시아가 강구트 해전에서 승리하는 모습입니다. 러시아는 북방 전쟁에서의 승리로 인해 오래도록 염원하던 얼지 않는 항구를 확보하게 됩니다.

는 러시아의 낡은 옷을 벗기고 새 옷으로 갈아입히는 데 일생을 바쳤습니다.

표트르가 죽을 무렵 러시아는 대국으로 발전했으며, 모스크바와 상트페테르부르크는 서양에서 온 상인들과 외교관들이 북적거리는 대도시가 되었습니다. 그러나 무엇보다 큰 업적은 러시아를 유럽의 일부로 만들었다는 점입니다. 이런 업적들로 미루어 볼 때 그의 이름에 황제를 높여 부르는 '대제'가 붙는 것은 당연해 보입니다. 그러나 러시아는 표트르 1세가 죽은 뒤 궁정의 암투로 37년 동안 황제가 여섯 명이나 바뀌었습니다. 그러다가 표트르 3세의 아내인 예카테리나 2세가 황제 자리에 올랐습니다.

예카테리나 2세는 표트르 대제에 비견될 만큼 수많은 업적을 남겼는데 먼저 러시아의 영토를 넓히는 데 애썼습니다. 남쪽으로 진출하는 정책을 다시 펼쳐 오늘날의 흑해와 크림 반도의 일부를 확보했으며, 동방 진출 정책도 계속해 아메리카 대륙 북쪽의 알래스카도 손에 넣었습니다. 또 오스만 튀르크와 몽골로부터 땅을 빼앗았고 폴란드의 동부를 점령했습니다.

표트르 1세 당시 러시아
표트르 1세 당시 러시아의 모습입니다. 현재는 미국 영토인 알래스카뿐만 아니라 몽골과 이란의 영토까지도 포함한 대제국임을 알 수 있습니다.

예카테리나 2세도 표트르 대제와 마찬가지로 서양의 문물과 사상을 좋아했습니다. 자유와 평등에 관한 글을 쓴 철학자 볼테르에게 여러 차례 편지를 보내기도 했으며 서양의 관습들을 많이 받아들였고 낡은 법조문을 새로 고치기도 했습니다. 또한 문학을 사랑하고 학문을 존중해서 스스로 많은 책을 썼고, 러시아 최초의 여자 대학을 비롯해 수많은 학교를 세웠으며 서양식 병원을 짓기도 했습니다.

그러나 예카테리나 2세는 자신이 계몽된 황제가 되기를 원했을 뿐 백성들이 나라의 주인이 되는 그런 나라를 원하지는 않았습니다. 예카테리나의 통치로 러시아는 부강해졌지만, 권력과 부는 귀족에게 돌아갔고 귀족의 땅에서 농사를 짓고 사는 백

예카테리나 2세
예카테리나 2세 역시 표트르 대제와 마찬가지로 러시아를 발전시키기 위해 서양의 문물과 사상을 받아들였습니다.

성들은 여전히 가난하고 굶주려야 했습니다.

그 결과 예카테리나 2세는 남하 정책이 진행되는 동안 '푸가초프의 반란'을 맞게 됩니다. 푸가초프는 농노들에게 자유를 주고, 토지를 나눠 준다는 명분 아래 남동 러시아를 휩쓸었습니다.

반란 세력은 충분한 무력의 뒷받침이 없었던 탓에 곧 진압되었습니다. 2년 동안 계속된 이 반란의 자세한 내용은 소설가 알렉산드르 푸시킨의 작품 『대위의 딸』속에 잘 그려져 있습니다.

근대 세계를 연 철학과 과학

17세기 이후에 자연 과학과 기술이 엄청나게 발전합니다. 어떤 사람은 자신의 집에 실험실을 만들기도 했고 또 어떤 사람은 세계를 여행하며 세계의 동식물들을 채집하고 관찰하기도 했습니다. 또 과학 연구에 관심이 많은 학자들의 모임인 학회를 만들어 자신의 연구 결과를 발표하고 서로 토론을 하기도 했습니다. 그 결과 수많은 천재적인 자연 과학자들이 탄생했습니다.

그들의 노력에 의해 우리는 우주의 법칙을 과학적으로 설명할 수 있게 되었으며, 물이 무엇으로 만들어졌는지도 알게 되었고, 전기의 원리도 알아냈습니다. 그리하여 금속, 의학, 화학 분야에서 눈부신 발전을 이룰 수 있었습니다.

이는 우주는 신이 다스린다는 생각에서 어떤 법칙에 의해 움직인다는 생각으로 변하게 했습니다. 또한 사람이 아픈 것은 신에게 벌을 받아서가 아니라 세균 때문이라고 생각하게 되었습니다. 이처럼 자연 과학의 발전은 인간에게 과학적이고 합리적인 사고가 가능하도록 길을 터 주었습니다. 이를 통해 인간의 삶이 중세와는 근본적으로 달라졌으며 근대의 문이 열리게 됩니다. 또한 18세기 프랑스에서는 인간 이성의 힘으로 무지와 미신, 불합리한 관습과 제도를 없애자는 계몽사상이 발전합니다. 이러한 계몽사상 또한 자연 과학의 발달과 함께 근대 세계를 여는 원동력이 됩니다.

과학 혁명

17세기에는 '과학의 혁명'이라고 불릴 만큼 뛰어난 과학자들이 많이 탄생했습니다. 1660년, 영국에서 처음으로 왕립 학회가 만들어졌는데 이후에 사람들이 왕립 학회를 보고 이와 비슷한 형태의 학회를 많이 만들어 자연 과학을 탐구했습니다. 이러한 환경 속에서 수많은 과학자들이 인류의 삶에 보탬이 되는 것들을 발명하고 발견해 냈습니다.

그 첫 번째 과학자는 바로 뉴턴입니다.

뉴턴은 만유인력의 법칙을 발견해서 우주의 움직임과 이전의 과학적 법칙들을 모두 설명할 수 있게 했습니다.

뉴턴은 사과가 떨어지는 것을 보는 순간 땅 위의 모든 것들은 땅으로 떨어진다는 것을 깨달았습니다. 그리고 그것을 다른 것에도 적용했습니다. 밀물과 썰물을 일으키는 것은 달도 지구로 당겨지기 때문이라고 생각한 것입니다. 즉, 뉴턴은 사과를 떨어지게 하는 힘이나 지구가 태양 주위를 돌게 하는 힘이 모두 같은

현재 영국 왕립 학회
왕립 학회는 영국의 과학 아카데미 역할을 하며 자연 과학을 탐구하는 여러 활동을 하고 있습니다.

종류의 힘이라고 생각했고, 더 나아가 우주의 모든 물체들은 서로 끌어당긴다는 사실을 알게 되었습니다. 여기서 발전한 법칙이 바로 만유인력의 법칙입니다. 이 법칙은 지구상의 모든 운동에 적용되었고 우주도 하나의 통일된 법칙에 따라 움직인다고 설명하는 근거가 되었습니다. 그리고 우주가 신에 의해 움직이는 것이라는 신 중심의 우주관에서 벗어나는 과학적 근거를 마련하게 됩니다.

18세기에도 여러 명의 뛰어난 과학자들이 업적을 남겼습니다. 프랑스의 앙투안 라부아지에는 화학 발전에 크게 기여했는데, 바로 물이 산소와 수소가 결합한 것임을 증명해 냈습니다. 라부아지에의 노력으로 화학이 발

아이작 뉴턴
아이작 뉴턴은 학자들과 대중들에게 인류 역사상 가장 영향력 있는 사람 가운데 한 명으로 꼽히는 영국의 물리학자이자 수학자이자 천문학자입니다.

전하자 사람들은 화학이 위험하고 더럽다는 생각에서 벗어나 실생활에 적용하면 편리하고 경제적인 이익도 얻을 수 있다고 생각하게 됩니다. 또한 많은 화학 실험실과 기업들이 생겨나 화학이 비약적으로 발전하게 되었습니다. 이런 화학 발전의 도움으로 인해 의학, 금속, 염색 등의 분야는 경제적으로 큰 이익을 얻기도 했습니다.

그 외에도 스웨덴의 칼 폰 린네는 식물 분류학의 기초를 마련했고, 영국의 에드워드 제너는 병을 예상해 미리 예방 접종을

하는 예방 의학의 길을 열었으며, 미국의 벤저민 프랭클린은 다양한 전기의 원리를 알아냈습니다. 벤저민 프랭클린은 번개가 치는 하늘에 연을 날렸는데 실 끝에 금속 열쇠를 달아 금속 열쇠에 불꽃이 튀는 것을 보고 번개가 전기의 성질을 가지고 있다는 것을 알아냈습니다. 벤저민 프랭클린은 이 원리를 이용해 피뢰침을 만들었습니다.

이 시기에 이루어진 화려한 과학적 업적은 르네상스 이후 누적된 과학 발전의 결과이며, 절대주의 국가들이 중상주의 정책을 추진하는 과정에서 과학 연구를 강력하게 후원한 결과이기도 합니다.

이러한 과학 혁명은 인간의 의식에 큰 영향을 미쳤습니다. 이제 인간은 우주의 법칙을 발견할 능력을 가진 존재가 되었고, 과학적 방법으로 사회 현상도 이해할 수 있다는 기대를 갖게 됐습니다. 그래서 사회 현상을 설명할 수 있는 법칙을 발견하려는 사람들이 나타났고, 이는 철학이 발달하는 계기가 되었습니다.

중상주의

중상주의는 법이나 관세 정책을 통해 국내 상공업을 보호하여 나라의 부를 늘리려는 정책을 말합니다. 16세기부터 18세기의 유럽에서는 다른 산업보다 상업을 중요하게 여기며, 외국에서 들어오는 물건에는 높은 관세를 매겨 수입을 억제하여 나라의 재정 수입을 늘리고자 했습니다. 또한 국내 산업을 보호하고 외국의 기술을 도입하며 식민지를 더 많이 확보해서 자기 나라를 중심으로 식민지를 경영하는 정책을 썼습니다.

미국 지폐 속의 벤저민 프랭클린
미국의 100달러짜리 지폐에는 벤저민 프랭클린의 초상화가 그려져 있습니다. 그는 피뢰침을 발명했을 뿐만 아니라, 그가 발명한 난로는 아직도 만들어지고 있습니다.

철학의 발달

17세기는 근대 과학의 발달과 더불어 근대 철학의 토대가 마련된 시기이기도 합니다.

영국의 프랜시스 베이컨과 존 로크는 모든 지식은 경험으로부터 나온다는 경험주의 철학을 주장했습니다. 또 베이컨은 지식을 얻는 과정에서 모든 선입관을 버리고 관찰과 실험 방법을 사용할 것을 주장하기도 했습니다.

프랑스의 르네 데카르트는 경험보다 이성을 중요시하는 합리주의 철학을 주장했습니다. 인간은 태어날 때부터 이성을 가지고 있고 이성의 작용을 통해 지식에 도달할 수 있다는 것이 그의 주장입니다. 또 그는 일상의 경험에서 얻은 모든 지식을 의심할 필요가 있다며, "나는 생각한다. 고로 나는 존재한다."라는 유명한 말을 남겼습니다.

이와 같은 베이컨과 데카르트의 학문 연구의 방법론은 기존의 전통적인 권위와 편견에서 벗어나 인간이 지식을 주체적으로 이해하려는 시도였다는 점에서 의미가 있습니다.

18세기 말 이마누엘 칸트는 『순수 이성 비판』에서 경험론과 합리주의 철학을 아울러 비판했습니다. 그는 경험론은 모든 경험을 지식으로 인정하는 데 오류가 있고, 합리

합리주의 철학자 데카르트
데카르트는 경험적 지식의 확실성에 대해 끊임없이 의문을 제기하며, 우리가 세계를 탐구하기 위해 필요한 근거들을 찾고자 노력했습니다.

론은 경험에 기반을 두고 있지 않기 때문에 공허하다고 했습니다. 또 이성은 신의 존재를 증명하거나 부인할 능력을 갖지 못하므로 공허한 말장난은 그만두고, 이성이 요구하는 도덕적 삶을 사는 것이 철학이 존재하는 목적이라고 말했습니다.

사회 개혁을 주도할 새로운 정치사상의 등장

절대 왕정 시대에는 왕권신수설이 유행해서 강력한 왕권을 옹호했습니다. 또 시민 사회의 성립이 빨랐던 영국에서는 사회 계약설이 등장해서 근대적인 왕권을 옹호했습니다.

토머스 홉스는 사회 계약설을 통해 인간은 자연 상태에서 자신이 살아남기 위해, 또 자기의 이익을 위해 다른 사람과 끊임없이 싸운다면서 '만인의 만인에 대한 투쟁'이라고 말했습니다. 인간은 이런 싸움을 피하기 위해서 각 개인이 본래부터 갖고 있던 모든 권리를 국가와 법에 맡겨 그것에 따르기로 계약을 맺습니다. 그리고 국왕이 이 모든 권리를 넘겨받았기 때문에 절대적인 왕권을 갖는다는 것이 '사회 계약설'입니다.

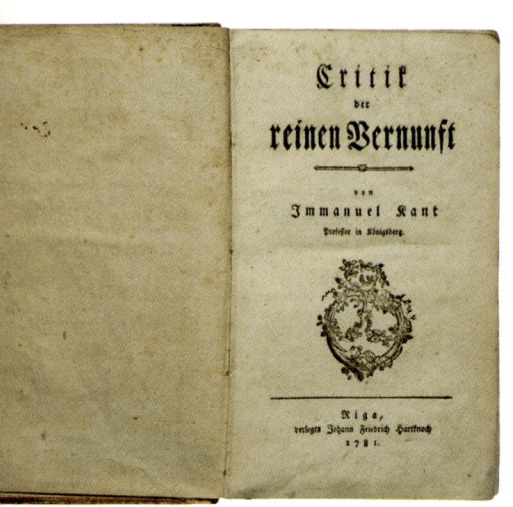

1718년에 발간된 『순수 이성 비판』의 표지
칸트는 『순수 이성 비판』을 통해 경험론과 합리주의 철학을 비판하면서, 우리가 지식을 추구하는 데 있어서 안전한 방법이 무엇인가를 치밀하게 물었습니다.

관념론

관념론은 세상에 진짜로 있는 것은 관념이라는 주장입니다. 따라서 관념론을 믿는 사람들은 우리가 보는 물리적인 현상들과 물질들이 허상에 불과하다고 주장합니다.

로크는 홉스의 사회 계약설에서 한 걸음 더 나아가 '자연법사상'을 주장했습니다. 인간의 자연 상태는 평등하고 평화로우며, 이 자연권을 보다 확실하게 누리기 위해 계약을 맺고 국가를 형성합니다. 이는 권리를 국가에 맡긴 것이므로 국가가 계약을 위반해서 자연권을 침해하면 시민들은 지배자를 바꿀 권리가 있다는 것이 자연법사상입니다.

로크의 자연법사상은 영국의 명예혁명을 정당화했으며, 계몽사상과 미국의 독립 혁명에도 큰 영향을 미쳤습니다.

토머스 홉스가 쓴 『리바이어던』의 표지
이 책에서 홉스는 국가를 각 개인이 가지고 있던 권리를 넘겨받은 괴물로 묘사하고 있습니다.

인간 이성의 믿음, 계몽사상

인간의 이성을 중요하게 여기고 불합리한 전통이나 제도, 무지와 미신을 무너뜨려 인류 사회를 발전시키려는 것이 계몽사상입니다. 과학 혁명과 합리주의 철학에 힘입어 프랑스를 중심으로 발달한 계몽사상은 미국의 독립 혁명과 프랑스 시민 혁명에 큰 영향을 미쳤습니다. 대표적인 사상가로는 볼테르, 샤를 몽테스키외, 장 자크 루소 등이 있습니다.

계몽사상에 힘입어 토론하는 사람들
계몽사상은 인간 이성의 힘으로 자연과 인간관계, 사회와 정치 문제를 해결하고 보편적인 진리를 발견하려는 사상입니다.

볼테르는 미신을 부정하고, 재치 넘치는 풍자 작품을 통해 가톨릭 교회의 부패를 공격했으며, 언론과 출판, 신앙의 자유를 주장했습니다.

몽테스키외는 『법의 정신』이라는 저서에서 프랑스 절대주의를 비판하고, 영국에서처럼 입법, 사법, 행정의 삼권 분립을 주장했습니다. 그는 정부의 권력이 분리되어 상호 견제와 균형을 이루는 것이 가장 자연스러운 일이라고 했습니다.

'자연으로 돌아가라.'는 유명한 말을 남긴 루소는 문명을 인간의 타락으로 보고 자연 상태로 돌아갈 것을 주장했습니다. 또 주권은 국민에게 있고, 정부는 이를 집행할 뿐이라는 주장도 했습니다.

백과전서파라고 불리는 계몽사상가인 드니 디드로와 장 르 롱 달랑베르는 계몽사상과 과학 지식을 집대성하여 『백과전서』를 편찬했습니다. 이 저서는 단순한 지식의 집대성이 아니라, 당시의 불합리한 사회에 대한 비판을 담아 계몽사상을 퍼뜨리는 데 크게 기여했습니다.

또 계몽사상의 영향으로 계몽 전제 군주가 등장해서 위로부터의 개혁을 시도하기도 했습니다. 그 대표적인 인물이 프로이센의 프리드리히 2세입니다. 그러나 위로부터의 개혁은 시민들이 원하는 것들을 충족시킬 수 없었고 결국 불합리한 사회의 개혁은 시민들의 손으로 넘어갔습니다.

바로크 시대의 대표적인 건축물인 이탈리아 로마의 트레비 분수
이 분수에 동전을 던지면 소원이 이루어지며 언젠가 다시 로마에 오게 된다고 믿는 전통이 있다고 합니다.

바로크 양식과 로코코 양식

17세기에는 왕실 중심의 화려한 문화가 유행했고, 18세기에는 시민 사회의 발전과 더불어 개인의 사상을 보다 자유롭게 표현하는 문화가 주류를 이루었습니다.

'바로크'와 '로코코'는 건축 양식을 의미하는 용어지만, 그 시

오토보이렌 수도원
로코코 양식으로 장식된 독일 오토보이렌 수도원의 내부 모습입니다.

기의 예술과 문화 전체를 이해하는 용어로도 널리 사용되었습니다.

17세기에는 절대 군주의 궁정을 중심으로 바로크 양식이 유행했습니다. 이를 대표하는 건축으로는 베르사유 궁전을 들 수 있으며, 절대 군주의 권위와 위엄을 상징하듯이 규모가 웅장하고 화려하며 과장되게 표현한 것이 특징입니다.

18세기에는 섬세하고 우아한 로코코 양식이 유행했습니다. 로코코 양식은 시들어 가는 절대주의 문화를 반영한 것으로 섬세하고 기교적이며, 귀족과 부유한 상인의 저택 실내 장식이나 가구 등에 주로 이용되었습니다.

음악에서는 요한 제바스티안 바흐와 게오르크 헨델 등이 바로크 시대를 열었고, 그 뒤를 이어 볼프강 아마데우스 모차르트와 루트비히 판 베토벤 등이 고전 음악을 완성했습니다.

문학에서도 나라마다 고전 문학이 유행했습니다. 대표적인 작품으로는 영국의 대니얼 디포가 쓴 『로빈슨 크루소』와 조너선 스위프트의 『걸리버 여행기』, 독일의 요한 볼프강 괴테가 쓴 『파우스트』가 있습니다.

시민 혁명과 자유주의 운동

절대 왕정 시대에 왕과 귀족의 지배와 횡포에 억눌려 있던 농민들은 가난 속에서 과도한 세금까지 내야만 했습니다. 또한 상공업에 종사하던 시민들은 경제적으로 성장했지만 낡은 신분 제도에 갇혀 제대로 된 대우를 받지 못했습니다. 그러나 별다른 역할을 하지도 않는 왕과 귀족, 성직자들은 여전히 특권을 누리며 백성들 위에 군림하려 했습니다. 이러한 낡은 제도에 불만을 품은 시민들이 혁명을 일으켰습니다. 그들은 낡은 신분 제

외젠 들라크루아의 〈민중을 이끄는 자유의 여신〉
시민 혁명을 가장 격정적으로 표현한 것으로 알려진 작품입니다. 절대 왕정에 억눌려 왔던 시민들은 이제 자유와 평등을 보장받기 위해 혁명을 일으킵니다.

도를 무너뜨리고 국가의 운영에 적극 참여하기를 바랐고 인간의 자유롭고 평등한 권리를 보장받기를 바랐습니다.

이러한 시민 혁명은 상공업의 발달로 경제적으로 성장한 시민 계급이 주도했고 과학적 방법으로 사회 현상을 이해하고 인간을 합리적으로 생각할 수 있게 한 근대 과학의 발달이 중요한 역할을 했습니다.

과학의 발달과 인간은 누구나 자유롭고 평등한 존재라는 인간이 가진 권리에 대한 깨달음이 사람들을 바꾸어 놓았습니다.

사람들은 신이나 절대 권력의 지배에 굴하지 않고 인간 스스로 생각하고 판단하고 행동할 수 있다고 생각하며 인간의 이성을 믿는 철학을 발달시켰습니다. 또한 낡은 사회를 비판하고 개혁하기 위해 새로운 정치사상을 등장시켰고, 이를 시민 혁명의 토대이자 원동력으로 자리 잡게 했습니다.

이런 변화의 물결을 타고 영국에서는 청교도 혁명과 명예혁명이 일어났고, 미국은 영국으로부터 독립을 이루어 냈습니다. 프랑스에서는 시민 혁명을 통해 공화국을 세웠고, 러시아에서는 농노 해방을 시도했습니다. 유럽의 여러 나라들에서는 자유주의와 민족 운동이 퍼져 나갔고, 독일과 이탈리아는 독립 국가로 통일을 이루었습니다.

청교도 혁명과 명예혁명

1603년에 영국의 엘리자베스 1세가 독신으로 살다가 사망했고, 혈통적으로 가장 가까운 후계자는 스코틀랜드의 왕 제임스였습니다.

그는 '왕의 권한은 신으로부터 나온다.'는 왕권신수설의 신봉자로, 영국의 왕위는 신이 자신에게 내려 준 것이라고 믿었습니다. 그래서 의회를 무시했고, 영국 국교회를 신봉하며 가톨릭과 청교도를 탄압했습니다.

그 뒤를 이어 왕이 된 찰스 1세도 마찬가지였습니다. 그는 전쟁 비용을 마련하기 위해 의회의 승낙도 받지 않고 멋대로 세금을 거뒀고, 세금을 못 내는 가난한 사람들은 군대에 끌고 갔습니다. 또 부자들에게는 기부금을 강요했으며, 선뜻 기부금을 내지 않으면 감옥에 가두었습니다. 그뿐만 아니라, 경비를 아낀다며 병사들을 민가에 나눠 보내 먹고 자게 했습니다.

의회는 왕의 횡포에 맞서 1628년, 국민의 권리를 주장하는 청원서를 제출했습니다. '권리 청원'이라고 하는 이 문서에는 국왕은 의회의 승인 없이 세금을 거둘 수 없고, 법에 의하지 않고는 사람을 가둘 수 없으며, 군인을 민가에 재워서는 안 된다는 내용 등이 담겨 있었습니다.

찰스 1세는 마지못해 권리 청원을 승인했지만, 다음 해에는 이를 무시하고 의회를 해산해 버렸습니다. 그리고 그 뒤 11년 동안 의회를 소집하지 않고 제멋대로 세금을 매겼으며 청교도를 더욱 탄압했습니다. 국민들이 곳곳에서 왕의 횡포에 반발했고, 청교도들은 신앙의 자유를 찾아 바다 건너 북아메리카로 갔습니다. 또 스코틀랜드에서는 국교회를 강요하는 데 반발하여 신교도

영국의 칼뱅교도인 청교도

영국 국교회는 형식상으로는 로마 교황청으로부터 독립했지만 의식과 제도는 로마 가톨릭을 그대로 따르고 있었습니다. 그래서 칼뱅의 영향을 받은 영국 국교회 내부의 일부 신자들은 로마 가톨릭의 의식과 제도를 완전히 없애고 칼뱅주의에 따라 개혁할 것을 주장했습니다. 그러나 이와 같은 주장이 받아들여지지 않자 그들은 영국 국교회를 떠나 새로운 교회를 만들었습니다. 이들을 청교도라고 합니다. 청교도는 '향락을 멀리하고, 엄격한 종교적 규율에 따라 생활하는 무리'라는 뜻입니다.

권리 청원
영국 의회가 국왕의 횡포에 맞서 만든 권리 청원입니다. 여기에는 의회의 승인 없이 국왕이 마음대로 세금을 거두거나 사람을 처벌할 수 없다는 등의 내용이 담겨 있습니다.

들이 반란을 일으켰습니다.

　찰스 1세는 스코틀랜드와의 전쟁 비용을 마련하기 위해 의회를 소집했습니다. 그러나 의회는 전쟁을 위해 세금을 거두는 일을 거부했고, 국왕에게 그동안의 잘못을 고칠 것도 요구했습니다. 그러자 찰스 1세는 의회의 요구를 거부하고, 다시 의회를 탄압하려 했습니다.

　의회가 이에 맞서면서 마침내 전쟁이 일어났습니다. 전쟁은 크롬웰이 이끄는 의회파의 승리로 끝났습니다. 그 결과 1649년에 국왕은 처형되었고 국민이 뽑은 대표가 나라를 다스리는 공화정이 실시되었습니다.

　의회가 중심이 되어 왕의 전제 정치를 무너뜨린 이 사건을 청교도 혁명이라고 합니다. 크롬웰을 비롯한 혁명파 의원들 대부분이 청교도였기 때문입니다.

　그 뒤 수년 동안 영국을 다스린 사람은 혁명파를 이끌었던 올리버 크롬웰입니다. 1653년 봄, 그는 의회를 해산하고 스스로 '호국경'이라는 직위에 올라 왕의 권한을 행사했습니다. 그가 호국경으로 있던 5년 동안 영국은 해양 강국의 토대를 마련했습니다. 그는 영국이 수출하거나, 영국에서 수입하는 모든 상품은 영국 배를 이용해야 한다고 규정한 항해법을 발표했습니다. 그 뒤 영국은 중개 무역으로 바다를 지배하던 네덜란드를 따돌리고 해상 무역의 주도권을 잡게 되었습니다.

　청교도인 크롬웰은 나라를 엄격하게 다스렸습니다. 음주, 간

음, 도박, 투기 등을 엄격하게 금지하고, 모든 사치와 낭비, 오락 등이 청교도 윤리에 어긋난다며 처벌했습니다. 그처럼 엄격한 금욕주의를 모든 국민에게 강요하자, 영국인들은 그의 정치를 지겨워하기 시작했습니다. 그래서 그가 죽자 영국인들은 청교도 혁명 때 자신들이 처형했던 찰스 1세의 아들을 왕으로 추대했습니다. 그가 바로 찰스 2세입니다.

하지만 청교도들의 마음과는 달리 찰스 2세는 전제 정치를 강화하고, 가톨릭을 보호했습니다. 또 아버지의 원수를 갚기 위해 많은 사람들을 죽이고, 이미 죽은 사람은 무덤을 파헤쳐 시체의 목을 베기도 했습니다. 그뿐만 아니라 1670년에는 프랑스의 루이 14세와 '도버 밀약'을 맺어 영국 번영의 기초를 이루고 있던 상공업 분야의 이권을 몰래 팔아넘기기도 했습니다.

의회는 영국 국교회를 믿는 사람만이 공직에 오를 수 있다는 내용이 담긴 심사령과, 국왕이 멋대로 사람을 구속하지 못하게 하는 내용이 담긴 인신 보호법을 제정해 맞섰습니다. 그러나 찰스 2세에 이어 왕이 된 제임스 2세도 여전히 의회를 무시하고

올리버 크롬웰
찰스 1세의 절대 왕정에 맞서 의회파를 이끌고 청교도 혁명을 이룬 올리버 크롬웰의 동상입니다.

청교도를 탄압했습니다.

의회는 국왕을 교체하기 위해 새로운 시도를 했습니다. 제임스 2세의 딸 메리와 그녀의 남편인 네덜란드 총독 윌리엄에게 영국의 공동 왕이 되어 달라고 한 것입니다. 이를 수락한 윌리엄과 메리가 군대를 이끌고 영국에 들어오자 제임스 2세는 외국으로 도망쳐 버렸습니다.

1688년, 윌리엄과 메리는 영국 왕좌에 올랐습니다. 그리고 그 대가로 의회가 제출한 권리 장전을 승인했습니다. 권리 장전에는 법이 왕권보다 위에 있다는 내용이 담겨 있습니다. 그 법을 만드는 것이 의회이므로, 의회의 권력이 왕권보다 강하다는 것을 인정한 것입니다.

이렇게 전제 왕정을 입헌 군주제로 바꾸는 데 성공한 이 혁명을 명예혁명이라고 합니다. 피를 흘리지 않고 명예롭게 이루었다고 해서 붙여진 이름입니다.

윌리엄이 죽은 뒤 영국의 왕위는 앤 여왕을 거쳐, 독일 하노버 가문 출신의 조지 1세에게 돌아갔습니다. 그러나 그는 독일에서 성장한 데다 국왕이 될 준비도 되어 있지 않았고, 영국 정치에 별 관심도 없었습니다. 더욱이 영어를 할 줄 몰랐기 때문

젠트리

16, 17세기에 걸쳐 영국 사회에서 중요한 역할을 했던 사회 계층을 가리키는 말입니다. 오늘날 교양 있고 예의 바른 남성을 뜻하는 영어 '젠틀맨'이라는 말은 여기에서 나온 것입니다.

젠트리는 귀족보다는 낮고, 자영 농민보다는 높은 신분으로 중세 말 이후 귀족 세력이 약해지면서 지방의 유력자로 성장한 사람들입니다. 이들은 지방 행정에서 중요한 역할을 했던 치안 판사나 하원의 의석 대부분을 차지하며 정치적인 발언권을 키워 나갔습니다. 청교도 혁명 당시 혁명을 이끌었던 사람들 중에는 젠트리 출신이 많았습니다.

에 대신들과 대화를 나누기도 힘들었습니다.

이러한 여러 가지 이유 때문에 영국에서는 하원의 다수 의석을 차지한 정당이 책임지고 정치를 하는 의원 내각제가 발달했습니다. 그리고 국왕은 군림하지만 통치하지 않는다는 영국의 의회 정치의 전통도 이때 한층 강화되었으며, 이는 오늘날까지도 이어져 내려오고 있습니다.

윌리엄 공의 영국 상륙
윌리엄 공이 군대를 이끌고 영국으로 오는 모습을 그린 그림입니다. 윌리엄 공은 네덜란드 출신이기에 '오렌지 공'이라는 별명이 붙었습니다.

미국의 시작, 메이플라워호

400여 년 전, 영국을 떠난 배 한 척이 긴 항해 끝에 지금의 미국 동쪽 해안에 도착했습니다. 그 배의 이름은 5월의 꽃이란 뜻을 가진 메이플라워였습니다.

배에는 영국의 청교도들이 타고 있었습니다. 그들은 종교의 자유를 찾기 위해 거친 바다를 건너 낯선 땅을 찾아온 것입니다. 당시 영국에서는 제임스 1세가 청교도들을 심하게 탄압하고 있었기 때문에 메이플라워호를 타고 온 이들이 새로운 땅에 정착하기란 쉽지 않았습니다. 그해 겨울 추위와 굶주림으로 영국에서 건너온 사람들 중 절반이 죽었고, 살아남은 사람들은 원주민인 인디언들에게 옥수수와 담배 재배법을 배우면서 새 땅에 적응해 나갔습니다.

상원과 하원으로 나뉜 영국 의회
찰스 1세 통치 시기 영국 상원과 하원 의회의 모습입니다. 이렇게 의회가 상원과 하원으로 나누어져 있는 제도를 양원제라고 합니다.

메이플라워호의 뒤를 이어 북아메리카로 이주해 오는 유럽인들은 꾸준히 늘었습니다. 신앙의 자유를 위해 이주한 사람들, 혁명을 피해 떠난 귀족, 부자가 될 꿈에 부풀어 찾아온 가난한 사람들, 모험심에 불타는 젊은이 등 그들이 신대륙을 찾게 된 동기는 가지각색이었습니다.

그들은 북아메리카 동쪽 해안에 많은 식민지를 세웠습니다.

메이플라워 2호
메이플라워호를 다시 만든 메이플라워 2호입니다. 메이플라워호는 1620년 영국에서 신대륙 아메리카 식민지로 청교도들을 수송한 배로, 당시 이 배의 승객은 102명, 승무원은 25에서 30명 사이였다고 합니다.

또 이주자들이 늘어나면서 원주민인 인디언들과 충돌도 잦아졌고, 인디언들은 백인 이주자들에게 밀려 서쪽으로 쫓겨 갔습니다.

그 무렵 아프리카에서 노예 상인에게 잡혀 온 흑인들도 신대륙에 도착하기 시작했습니다. 그들은 북아메리카 남부의 버지니아, 캐롤라이나, 조지아 같은 곳에 있는 백인들에 농장으로 끌려갔습니다. 그러나 북부에는 흑인 노예가 별로 없었습니다. 북부는 상공업이 중심을 이루어서 남부처럼 흑인 노예가 필요

추수 감사절의 상징이 된 칠면조 요리

플리머스에 도착한 청교도들은 그해 겨울 혹독한 추위와 식량 부족, 전염병 등으로 많이 죽게 됩니다. 다행히 남은 이들은 이듬해 원주민에게 옥수수 씨앗을 받아 농사짓는 법을 배워 풍성한 가을을 맞을 수 있었습니다.

청교도들은 풍성한 수확을 감사하며, 주변에 흔한 사슴과 칠면조를 잡아 잔치를 벌였습니다. 추수 감사절은 그렇게 시작되었습니다. 오늘날에도 미국인들은 추수 감사절이면 칠면조 요리를 준비해 수확을 감사하는 잔치를 합니다.

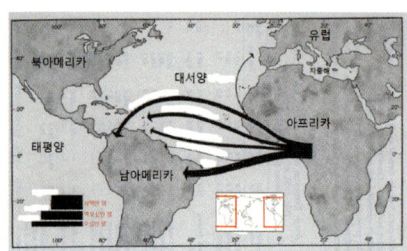

17세기의 대서양 노예 무역
흑인 노예들은 대체로 서아프리카에서 아메리카로 팔려 나갔습니다. 노예 무역은 19세기 전반까지도 계속되었습니다.

한 커다란 농장이 없었기 때문입니다. 이런 차이는 훗날 미국의 남북 전쟁의 원인이 되기도 합니다.

미국 독립 혁명

콜럼버스가 신대륙을 발견한 뒤 약 150년이 지나면서, 많은 유럽 사람들이 새로운 꿈을 안고 북아메리카를 찾았습니다. 1769년부터 5년 동안 아일랜드에서만 4만 4000여 명이 신대륙행 배를 탔고, 그 수는 해마다 늘어 영국과 스코틀랜드 등 대륙의 해안 국가에서도 해마다 수만 명이 신대륙으로 이주했습니다.

신대륙으로 온 사람들은 풍부한 토지를 그냥 얻을 수 있었고, 계급과 신분에 따른 차이 없이 인간의 기본권을 인정받으며 자유를 누렸습니다. 그들은 개척 정신으로 자연을 가꾸고 극복하면서 어려운 환경을 이겨 나갔습니다.

신대륙에 가장 많이 진출한 이들은 영국인들로, 정착 역시 가장 성공적이었습니다. 정착한 영국인들은 18세기 초 북아메리카

유럽인들이 미시시피에 상륙한 모습
유럽인들은 총칼과 대포 그리고 기독교를 앞세워 원주민인 인디언들을 북아메리카 대륙 서쪽으로 몰아냈습니다.

동북부 연안에 뉴잉글랜드, 버지니아 등 열세 개 주의 식민지를 세웠습니다. 영국 중앙 정부는 식민지에 총독을 임명했지만, 식민지에 대해 관대한 정책을 써서 식민지 사람들로 구성된 지방 의회의 자치권을 대체로 인정해 주었습니다.

그러나 18세기 중반이 지나면서 영국 정부의 식민지에 대한 정책이 변하기 시작했습니다. 영국의 조지 3세가 본국의 재정난을 해결하기 위해 식민지에서 세금을 거둬들이기 시작한 것입니다. 영국 정부는 갖가지 명목으로 세금을 매겼는데, 그중

북미 대륙
현재의 북미 대륙의 모습입니다. 콜럼버스의 신대륙 발견 이후 유럽인들이 아메리카로 진출하면서 세계의 역사가 크게 뒤바뀝니다.

가장 악명 높은 것은 인지세였습니다. 모든 책자와 신문, 문서에 인지를 붙이게 해 그 대금을 영국으로 가져간 것입니다.

식민지 사람들 사이에서는 불만과 불평이 점차 커졌습니다. 그들은 식민지 대표가 영국 의회에 참여하지 않았기 때문에 세금을 낼 수 없다고 맞섰습니다. 영국 정부는 1766년 선언법을 제정해 식민지를 본격적으로 억누르고 통치하려 했습니다. 선언법은 식민지에 적용할 법을 정할 권리가 영국 의회에 있다는 내용이었습니다.

영국 정부와 식민지 사람들 사이의 충돌은 계속 이어졌습니다. 대표적인 것이 홍차 무역 문제를 둘러싼 충돌입니다. 영국인들은 홍차를 매우 좋아해서, 홍차 무역은 중요한 사업이었습니다. 그런데 영국 정부는 1773년, 홍차를 동인도 회사에 독점 판매하게 했습니다. 그래서 홍차 무역으로 큰 수입을 올리던 식민지 사람들은 많은 손해를 보게 되었습니다.

식민지 사람들은 거세게 반발했지만 영국 정부는 꿈쩍도 하지 않았습니다. 식민지 사람들이 마침내 행동에 나섰습니다. 차를 실은 동인도 회사의 배가 보스턴 항구에 들어오자 인디언으로 변장해 배를 공격한 것입니다. 그리고 차를 몽땅 바다에 던

보스턴 차 사건
영국 정부의 억압적인 통치에 반발한 미국 이주민들이 '보스턴 차 사건'을 일으킵니다. 이 사건은 미국 독립 전쟁의 도화선이 됩니다.

인간 중심과 산업 사회로의 이동, 근대 사회

져 버렸습니다.

이 사건을 '보스턴 차 사건'이라고 합니다. 그 뒤 영국 정부와 식민지 사이는 더욱 악화되었고, 1775년 4월, 마침내 영국 군대와 식민지 시민군 사이에 무력 충돌이 일어났습니다. 식민지의 독립 전쟁이 시작된 것입니다.

아메리카 합중국의 탄생

아메리카 식민지 대표들은 독립 전쟁을 위해 조지 워싱턴을 총사령관에 임명하고, 1776년 7월 4일 독립 선언서를 발표했습니다. 토머스 제퍼슨이 초안을 만든 독립 선언서는 아메리카의 자주 독립과 인권, 그리고 모든 국민의 권리에 대한 정신을 담고 있습니다.

그 주요 내용은 다음과 같습니다.

"모든 사람은 나면서부터 평등하고, 하나님은 인간에게 몇 가지 고유한 권리를 주셨다. 생명과 자유와 행복을 누릴 수 있는 권리가 그것으로, 인류는 그러한 권리를 확보하기 위해 정부를 조직하였으며, 정부의 권한은 국민들의 지지와 뜻에 따라 부여되는 것이다. 그러므로 어떤 정부이든 이런 근본 목적을 벗어났을 때는 그 정부를 바꾸거나 없애고 새로운 정부를 만드는 것이 국민의 권리이다."

영국군과 식민지 시민군의 충돌
'보스턴 차 사건'으로 인해 영국군과 식민지 시민군 사이에 무력 충돌이 일어나고, 이러한 충돌이 본격화되어 식민지 독립 전쟁이 시작됩니다.

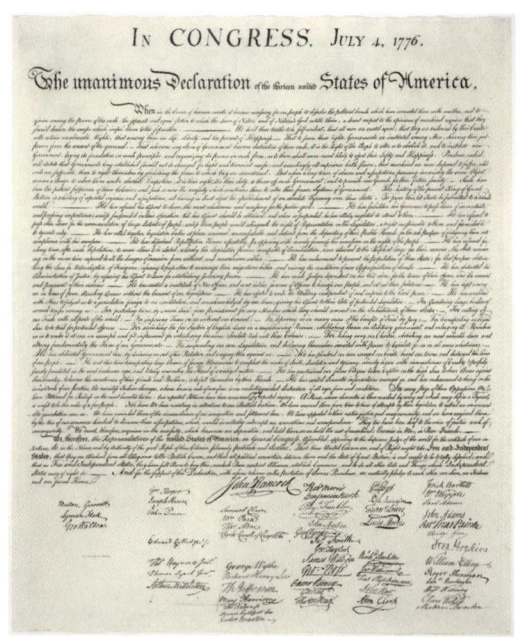

미국 독립 선언서
자주독립과 인권, 국민의 권리에 대한 정신을 담아 작성된 미국 독립 선언서입니다.

독립 전쟁이 시작될 당시 식민지 사람 모두가 독립을 지지했던 것은 아닙니다. 3분의 1 정도는 독립을 주장하는 독립군을 지지했지만, 나머지는 영국 편을 들거나 중립을 지켰습니다. 그러나 독립 전쟁을 치르면서 식민지 사람들의 마음속에 자유와 평등 그리고 민주주의 정신이 넓게 자리 잡기 시작했고, 독립을 지지하는 사람들도 점점 많아졌습니다.

워싱턴의 독립군도 처음에는 힘이 약해 전투에 패배하는 등 어려움을 겪었습니다. 그러나 유럽의 자유주의자들이 의용군으로 참전하고, 영국의 세력이 약해지기를 바라던 프랑스와 에스파냐, 네덜란드 등도 독립군을 지원하기 시작했습니다. 국제 정세도 차츰 독립군에 유리하게 돌아갔습니다. 이러한 변화에 힘입어 독립군은 전투에서 승리하기 시작했고, 영국은 마침내 1783년 파리 조약에서 식민지 열세 개 주의 독립을 승인했습니다.

독립 전쟁의 승리는 식민지 사람들에게 커다란 기쁨과 영광을 안겨 주었습니다. 이렇게 영국으로부터 독립을 획득한 13개 주는 차츰, 각각 독립된 헌법을 가진 국가로 바뀌어 갔습니다. 그러다가 각주 대표들의 노력으로 1781년에 연합 규약이라는 새로운 법을 만들고 연합 의회를 구성해 통일 국가의 형태를 갖추기 시작했습니다.

1787년에는 연방 헌법을 만들어 '아메리카 합중국'이라는 이름의 독립 국가를 탄생시켰습니다. 우리가 미국이라고 부르는 나라가 바로 '아메리카 합중국'입니다. 조지 워싱턴은 아메리카 합중국의 초대 대통령이 되었고, 수도에도 워싱턴이라는 이름을 붙였습니다.

조지 워싱턴
조지 워싱턴은 미국 독립군의 총사령관이었으며 전쟁이 끝난 뒤 미국의 초대 대통령이 됩니다.

미국은 새로운 나라이기 때문에 유럽이나 아시아 같은 과거가 없었습니다. 왕도 영주도 귀족도 없었습니다. 그렇기 때문에 자본주의가 성장하는 데 걸림돌이 될 것도 거의 없었습니다. 그러한 조건은 미국이 빠르게 성장하는 데 큰 도움이 되었습니다. 그러나 미국이 이룬 자유와 평등, 민주주의의 풍요 뒤에는 흑인 노예와 인디언들의 한과 슬픔이 감춰져 있습니다.

미국을 대표하는 성조기와 자유의 여신상

미국의 국기인 성조기를 처음 만들 때, 미국인들은 영국 통치로부터 자유를 쟁취한 열세 개 주를 상징하기 위해 별 열세 개와 줄무늬를 그렸습니다. 그 뒤 가로로 된 열세 개의 붉은 줄과 흰색 줄무늬는 변함이 없지만, 별은 새로운 주가 생길 때마다 하나씩 더해져서 현재는 50개가 되었습니다.

자유의 여신상은 미국 독립 100주년을 기념해 1886년, 프랑스가 미국에 기증한 것입니다. 프랑스에서 만들어진 자유의 여신상은 분해돼 바다 건너 미국으로 보내졌습니다. 자유의 여신상은 미국과 프랑스의 우호 증진을 위한 선물이었지만, 지금은 미국을 대표하는 상징물이자 자유의 상징으로 여겨지고 있습니다.

자유의 여신상
미국의 대표적인 상징물, 자유의 여신상입니다.

프랑스 시민 혁명

시민 혁명은 시민이 중심이 되어, 특권을 가진 왕이나 귀족에 의해 모든 것이 이루어지던 정치 제도를 없애고, 법률상 자유·평등한 시민 계급이 지배하는 사회를 건설하기 위해 일으킨 역사적 사건을 말합니다. 이를 부르주아 혁명이라고도 부릅니다.

프랑스 시민 혁명은 시대에 뒤떨어진 낡은 신

분 제도가 가장 큰 원인이었습니다. 프랑스 사회는 제1신분인 성직자, 제2신분인 귀족, 제3신분인 평민으로 구성되어 있었습니다. 제1신분인 성직자는 많은 땅을 소유하고 세금을 면제받는 혜택을 누렸고, 제2신분인 귀족은 교회나 군대나 행정 분야의 높은 자리를 모두 차지하고 있었습니다. 제3신분인 평민은 시민, 노동자, 농민들로, 그중 2100만 명이 넘은 농민이 대부분이었습니다.

농민들은 귀족이나 성직자의 세금까지 농민이 부담해야 하는 제도에 큰 불만을 품고 있었습니다. 그러던 중 1788년과 1789년의 흉작으로 굶주림에 시달리게 되자 농민들은 1789년에 폭동을 일으켰습니다.

1780년대 이후 국가의 재정이 계속 흔들리게 된 것도 프랑스 혁명의 중요한 원인 가운데 하나입니다. 아메리카의 전쟁에 끼

유럽
유럽은 자유와 평등의 이념을 들고 절대 왕정의 폭정에서 깨어나기 시작합니다. 유럽의 각 국가는 혁명과 전쟁을 통해 오늘날의 국경과 정치 체제를 확립하게 됩니다.

> ### 부르주아 혁명
>
> 부르주아란 '성안에 사는 사람'을 의미합니다. 성안에 살 만큼 부유한 사람이라는 의미로 재산과 학식을 갖추고 있지만, 권력을 가지지 못하고 귀족들의 지배 아래 놓여 있던 사람들입니다. 부르주아가 귀족 세력을 몰아내고 권력을 쟁취한 것을 부르주아 혁명이라고 합니다.

어들어 재정난은 더욱 심각해졌고, 왕족과 귀족들의 사치도 재정난을 부채질했습니다.

　루이 16세는 재정난을 해결하기 위해, 세금이 면제됐던 성직자와 귀족도 세금을 내게 하는 개혁안을 내놓았습니다. 그러나 귀족들은 새로운 세금을 결정할 권리는 삼부회만 가지고 있다며 반발했고, 일부 평민들도 거기에 동참했습니다.

　루이 16세는 마침내 성직자, 귀족, 평민의 3부로 구성된 '삼부회'를 소집했고, 1789년 5월 5일 베르사유 궁전에서 회의가 열렸습니다. 1614년 이래 한 번도 열리지 않았던 삼부회가 소집된 것입니다.

　이 의회에는 제1신분인 성직자 대표 291명, 제2신분 귀족 대표 270명, 제3신분 평민 대표 578명이 참여했습니다. 지금까지 삼부회는 각 신분별 토의를 거쳐 표결도 신분별로 했습니다. 그래서 이해관계가 거의 일치하는 제1신분과 제2신분의 표결 결과에 따라 정책이 결정될 수밖에 없었습니다.

　제3신분 대표들은 그와 같은 표결 방식이 아닌, 모든 의원들이 각각 한 표씩을 행사하는 표결을 요구했습니다. 그렇게 되면 제1신분과 제2신분의 의원 수를 합친 561보다 제3신분 의원 수인 578이 더 많으므로 제3신분에 유리한 결정이 나게 됩니다.

베르사유 궁전에서의 삼부회 개회식
1789년 5월 5일, 베르사유 궁전에서 삼부회가 개최되는 모습입니다. 삼부회란 성직자, 귀족, 평민으로 구성된 프랑스의 의회였습니다. 그러나 1인 1표제가 아닌 신분별 투표였기 때문에 평민의 의견이 반영되지 못했습니다.

하지만 제3신분 대표들의 요구는 받아들여지지 않았고, 그들은 평민의 의견을 주장하고 정책으로 만들기 위해서는 새로운 조직이 필요하다고 생각했습니다. 그래서 제3신분 대표들은 삼부회를 포기하고 국민 의회라는 것을 만들었습니다.

그러나 제3신분끼리 모여 만든 국민 의회는 법적으로 보장받는 조직이 아니었습니다. 특권 신분의 반대파들은 국왕에게 국민 의회를 억압하도록 요구했습니다. 국왕은 특권 신분의 끈질긴 요구를 받아들여 국민 의회가 사용하던 의사당을 강제로 폐쇄했습니다.

그러나 국민 의회 대표들이 "우리들에게 어떠한 탄압이 가해

테니스 코트의 서약
루이 16세의 의사당 폐쇄와 신분별 투표에 반발한 제3신분 평민 대표들이 베르사유 궁전 테니스장에 모여 헌법을 제정할 때까지 해산하지 않을 것을 맹세했던 사건입니다. 왕권에 공공연하게 반대 의사를 표명한 최초의 사건이었습니다.

지더라도 국민 의회는 해산하지 않을 것이며, 헌법의 기초가 확립될 때까지 우리 국민 의회는 필요에 따라 어느 때, 어느 곳에서도 소집될 것이다."라고 선포하며 저항하자 그들의 기세에 눌려 루이 16세는 결국 제3신분의 요구를 받아들였습니다. 그러나 막상 국민 의회가 헌법 개정 작업에 들어가자 왕은 이를 탄압하기 위해 국경 지대의 군인들을 베르사유 주변으로 불러들였습니다.

그러자 이번에는 파리의 시민들이 국민 의회를 지키기 위해 나섰습니다. 그들은 시민 자치 위원회를 구성하고, 시의 행정을 넘겨받아 시민군을 조직했습니다. 그러고는 바스티유 감옥으로 몰려갔습니다. 그렇게 프랑스 시민 혁명은 시작되었습니다.

바스티유에서 시민과 시민군은 수비대에 맞서 격렬하게 전투를 벌였고, 많은 사람들이 희생되었습니다. 바스티유는 1789년 7월 14일 마침내 시민군에 점령되었습니다. 바스티유 감옥을 점령한 것은 왕이 마음대로 시민을 가두는 전제 정치를 반대한다는 것을 행동으로 보여 준 것입니다. 농촌에서도 수많은 농민들이 들고일어났습니다. 그들은 귀족들의 집을 습격해서 재물을 빼앗고 불태웠습니다.

온 나라가 피로 물들며 사태가 걷잡을 수 없어지자 루이 16세는 모든 군대를 철수시키겠다고 약속했습니다. 두려움에 떨던 왕족들은 궁전에 왕과 왕비만 남겨 두고 달아났습니다. 또한 추기경과 파리 대주교가 십일조의 포기를 선언함으로써 구제도는 사라지고, 프랑스는 혁명을 환영하는 물결로 넘쳤습니다.

국민 의회는 혁명의 참뜻을 알리기 위해 프랑스 인권 선언을 발표했습니다. 인권 선언은 자유와 평등을 강조한 프랑스 혁명의 이념을 잘 보여 주고 있습니다.

하지만 그것으로 끝이 아니었습니다. 얼마 뒤 다시 시민들이 들고일어났습니다. 그해 흉년이 들어 식량 부족이 심각해지자 시민들이 다시 분노하기 시작한 것입니다. 여기에 참가한 사람

시민들에게 공격받는 바스티유 감옥
시민들이 프랑스 혁명에 가담한 이유는 왕과 귀족, 성직자에 대한 감정적인 불만이나 부르주아의 선동 때문이 아니라, 불평등한 사회 체제에 저항하는 사회 개혁 의지를 갖고 있었기 때문입니다.

들은 대부분 여성들이었습니다.

"우리에게 빵을 달라! 빵을 달라!"

수많은 여성들이 거리로 쏟아져 나와 베르사유로 향했고, 군중과 시민군이 그 뒤를 따랐습니다. 결국 분노한 시민들은 루이 16세와 마리 앙투아네트를 붙잡아 감옥에 가두었습니다.

그 뒤 의회는 루이 16세의 동의를 얻어 개혁적인 새 헌법을 공포했지만 시민들은 거기에 만족하지 못했습니다. 시민들은 더 이상 왕이 다스리는 나라를 원하지 않았습니다. 결국 이듬해, 시민들은 도망치던 루이 16세를 체포해 단두대에서 처형하고 공화정을 수립합니다.

한편 프랑스의 이웃 나라인 오스트리아와 프로이센의 군주는 혁명의 불똥이 자기 나라로 튈까 두려워했습니다. 그래서 프랑스 혁명을 막기 위해 전쟁을 일으켰습니다. 전쟁 초기에는 프랑스가 혁명 중이라 여러 가지 혼란으로 패배를 거듭했습니다.

그러자 프랑스 혁명 세력은 프랑스가 위험에 처했다고 선언했습니다. 전국 여기저

프랑스 시민 혁명과 인권 선언

프랑스 시민 혁명의 참뜻을 널리 알리기 위해 마련된 「인간과 시민의 권리 선언」은 모두 17조로 되어 있습니다. 이 선언문은 자유와 평등에 대한 의지와 낡은 제도에 대한 개선의 의지가 담겨 있습니다. 주요 내용은 다음과 같습니다.

"인간은 자유롭고 평등하게 태어났으며 언제나 그렇게 살아간다. 모든 정치의 목적은 그 무엇도 침해할 수 없는 인간의 자연권, 즉 자유권,·재산권, 안전 및 압제에 대한 저항권을 보존하는 데 있다. 모든 주권은 국민에게 있다. 모든 법은 사회에 해로운 행위만을 금지한다. 모든 시민은 직접 또는 대표를 통해 법을 제정하는 데 참여할 권리를 가진다."

전문 17조로 된 이 선언문은 영국의 권리 장전, 미국의 독립 선언서와 더불어 근대 시민 정치의 3대 선언으로 알려져 있습니다.

프랑스 인권 선언문
시민 혁명의 영향으로 지금도 유럽에서는 민중이 지배 계급에 저항하는 권리인 저항권을 헌법으로 존중하고 있습니다.

기서 의용군이 조직되어 파리로 몰려들기 시작했습니다. 그때 마르세유 출신 의용군들은 '조국의 아들들이여 진격하라'라는 노래를 힘차게 부르며 파리로 행진해 들어왔는데, '라 마르세예즈'라는 그 군가는 나중에 프랑스 국가가 되었습니다.

프랑스 시민 혁명은 이처럼 국외의 위협과 국내 세력 간의 갈등으로 인해 수많은 피를 흘렸지만, 결국 절대 왕정을 무너뜨려 낡

"빵이 없으면 고기를 먹지."

루이 16세의 왕비인 마리 앙투아네트는 1755년 신성 로마 제국 황제의 열다섯 번째 자녀로 오스트리아 빈에서 태어났습니다. 그녀는 오스트리아가 프로이센의 위협을 받게 되자, 프랑스와의 동맹 관계를 강화하기 위해 당시 프랑스의 황태자였던 루이 16세와 정략 결혼합니다. 그녀는 절대 왕정의 재정 위기에도 불구하고, 사치와 낭비 등 무절제한 생활을 하여 크게 민심을 잃었습니다. 또 프랑스와 사이가 안 좋은 오스트리아의 왕녀였기 때문에 더욱 미움을 샀습니다.

1791년 시민들이 식량난으로 빵을 달라며 행진을 하자, "빵이 없으면 고기를 먹으면 되지."라고 했다는 그녀의 말은 사람들의 입에 자주 오르내리고 있습니다.

1792년 프랑스 혁명이 일어나자, 그녀가 적국인 오스트리아에 프랑스군의 작전 비밀을 몰래 알려 주고 있다는 소문이 퍼졌습니다. 결국 1793년 10월 15일, 앙투아네트는 혁명 재판에서 사형을 선고받고, 다음 날 콩코드 광장에서 남편의 뒤를 따라 단두대의 이슬로 사라졌습니다.

처형되는 루이 16세
루이 16세는 새로 생긴 혁명 정부로부터 국가 반역죄로 기소되어 1793년 1월 21일에 사형 선고를 받고, 바로 그날 콩코드 광장의 단두대에서 샤를 앙리 상송에 의해 공개 참수형을 당했습니다.

은 신분 제도와 특권 계층을 없애고 시민 계급이 중심이 되는 공화정을 이룩합니다. 시민 혁명이 일어날 당시 프랑스에서는 5퍼센트의 왕과 귀족들이 모든 국토를 차지하고 시민과 농민들을 착취하여 사치를 일삼으며 살았습니다. 이에 분노한 시민들이 자유와 평등, 박애를 부르짖으며 혁명을 일으켜 세계 최초로 시민의 힘으로 중세 절대 왕정을 심판하고 무너뜨린 기념비적인 역사가 프랑스의 시민 혁명입니다. 이 혁명은 왕조를 유지하고 있던 유럽 모든 나라에 큰 충격을 주었고 이웃 나라로 빠르게 전해져 오늘날 민주주의의 주춧돌이 되었습니다. 프랑스의 상징인 에펠 탑은 바로 프랑스 시민 혁명 100주년을 기념해서 세워진 탑입니다.

에펠 탑
프랑스 파리 마르스 광장에서 바라본 에펠 탑의 모습입니다. 관광객을 위해 세 개 층이 개방되어 있는데 첫 번째 층과 두 번째 층까지는 표를 구입해 계단과 승강기를 통해 올라갈 수 있습니다.

영웅 나폴레옹의 시대

프랑스 시민들은 혁명을 통해 왕과 귀족 계급을 타파하고 공화정을 세우게 되었지만 혁명의 주도 세력은 두 파로 갈라졌습니다. 점진적인 온건 개혁 세력과 급진적인 개혁 세력으로 나누어진 것입니다. 그러던 중 프랑스 혁명이 자기 나라에까지 나쁜 영향을 줄 것을 염려해 영국이 프랑스에 전쟁을 선포했습니다. 그러자 프랑스를 위기에서 구하기 위해서는 더 힘 있게 혁명을 완성해야 한다고 주장한 급진적 개혁 세력인 로베스피에르가 권력을 잡게 되었습니다. 그는 권력을 잡자 비상 독재 체제를 선포해 자신의 뜻에 반대하는 사람을 마음대로 처형할 수 있는 혁명 재판소를 만들었습니다. 그러고는 국민을 억누르는 공포 정치를 펼쳐서 통치 기간 동안 혁명에 반대하는 세력 수천 명을 무자비하게 처형했습니다. 하지만 결국 지나친 공포 정치에 대한 국민들의 반감이 고조되어 로베스피에르는 온건파에 의해 처형되었습니다.

로베스피에르의 공포 정치가 끝난 뒤에도 프랑스는 계속 혼란에서 벗어나지 못했습니다. 게다가 영국이 오스트리아, 러시아 등과 동맹을 맺고 프랑스 국경으로 다가왔지만, 다섯 명의 총재가 주도하던 당시 총재 행정부는 이를 막을 방법도 없었습니다.

> **공화정**
>
> 공화정은 세습되는 왕이 다스리는 나라가 아니라 선거를 통해 뽑힌 개인이나 집단이 통치하는 형태, 즉 주권이 왕에게 있는 것이 아니라 국민에게 있는 정치 제도를 말합니다.

프랑스 시민 혁명의 정신, 인권 선언문

국민 의회를 구성하고 있는 프랑스 인민의 대표자들은 인권에 관한 무지·망각 그리고 멸시가 오로지 공공의 불행과 정부 부패의 모든 원인이라는 것에 유의하면서 하나의 엄숙한 선언을 통하여 인간에게 자연적이고 양도 불가능하며 신성한 제 권리를 밝히려 결의한다. 그 의도하는 바는 사회의 모든 구성원이 항시 이 선언에 준하여 부단히 그들의 권리와 의무를 상기할 수 있도록 하며, 입법권과 행정권의 행위가 수시로 모든 정치 제도의 목적과의 비교에서 보다 존중되게 하기 위하여 시민의 요구가 차후 단순하고 명확한 제 원리에 기초를 둔 것으로서, 언제나 헌법의 유지와 모두의 행복에 이바지할 수 있도록 하는 것이다. 따라서 국민 의회는 지고의 존재 앞에 그 비호 아래 다음과 같은 인간과 시민의 권리를 승인하고 선언한다.

제1조. 인간은 권리에 있어서 자유롭고 평등하게 태어나 생존한다. 사회적 차별은 공동 이익을 근거로 해서만 있을 수 있다.

제2조. 모든 정치적 결사의 목적은 인간의 자연적이고 소멸될 수 없는 권리를 보전함에 있다. 그 권리란 자유, 재산, 안전, 그리고 압제에의 저항 등이다.

제3조. 모든 주권의 원리는 본질적으로 국민에게 있다. 어떠한 단체나 개인도 국민으로부터 명시적으로 유래하지 않는 권리를 행사할 수 없다.

제4조. 자유는 타인에게 해롭지 않은 모든 것을 행할 수 있음이다. 그러므로 각자의 자연권 행사는 사회의 다른 구성원에게 같은 권리의 향유를 보장하는 이외의 제약을 갖지 아니한다. 그 제약은 법에 의해서만 규정될 수 있다.

제5조. 법은 사회에 유해한 행위가 아니면 금지할 권리를 갖지 아니한다. 법에 의해 금지되지 않은 것은 어떤 것이라도 방해될 수 없으며, 또 누구도 법이 명하지 않는 것을 행하도록 강제할 수 없다.

제6조. 법은 일반 의사의 표명이다. 모든 시민은 스스로 또는 대표자를 통하여 그 작성에 협력할 수 있는 권리를 가진다. 법은 보호를 부여하는 경우에도 처벌을 가하는 경우에도 모든 사람에게 동일한 것이어야 한다. 모든 시민은 법 앞에 평등하므로 그 능력에 따라서, 그리고 덕성과 재능에 의한 차별 이외에는 평등하게 공적인 위계, 지위, 직무 등에 취임할 수 있다.

제7조. 누구도 법에 의해 규정된 경우나 법이 정하는 형식에 의하지 아니하고는 소추, 체포 또는 구금될 수 없다. 자의적 명령을 간청하거나 발령하거나 집행하거나 또는 집행시키는 자는 처벌된다. 그러나 법에 의해 소환되거나 체포된 시민은 모두 즉각 순응해야 한다. 이에 저항하는 자는 범죄자가 된다.

제8조. 법은 엄격히, 그리고 명백히 필요한 형벌만을 설정해야 하고 누구도 범죄 이전에 제정·공포되고, 또 합법적으로 적용된 법률에 의하지 아니하고는 처벌될 수 없다.

제9조. 모든 사람은 범죄자로 선고되기 전까지는 무죄로 추정되는 것이므로, 체포할 수밖에 없다고 판정되더라도 신병을 확보하는 데 불가결하지 않은 모든 강제 조치는 법에 의해 준엄하게 제압된다.

제10조. 누구도 그 의사에 있어서 종교상의 것일지라도 그 표명이 법에 의해 설정된 공공질서를 교란하지 않는 한 방해될 수 없다.

제11조. 사상과 의견의 자유로운 소통은 인간의 가장 귀중한 권리 중

하나이다. 따라서 모든 시민은 자유롭게 발언하고 기술하고 인쇄할 수 있다. 다만 법에 의해 규정된 경우에 있어서의 그 자유의 남용에 대해서는 책임을 져야 한다.

제12조. 인간과 시민의 제 권리의 보장은 공공 무력을 필요로 한다. 따라서 이는 모든 사람의 이익을 위해 설치되는 것으로서 그것이 위탁되는 사람들의 특수 이익을 위해 설치되지 아니한다.

제13조. 공공 무력의 유지를 위해, 그리고 행정의 제 비용을 위해 일반적인 조세는 불가결하다. 이는 모든 시민에게 그들의 능력에 따라 평등하게 배분되어야 한다.

제14조. 모든 시민은 스스로 또는 그들의 대표자를 통하여 공공 조세의 필요성을 검토하고 그것에 자유로이 동의하며, 그 용도를 추급하며, 또한 그 액수, 기준, 징수, 그리고 존속 기간을 설정할 권리를 가진다.

제15조. 사회는 모든 공직자로부터 그 행정에 관한 보고를 요구할 수 있는 권리를 가진다.

제16조. 권리의 보장이 확보되어 있지 않고 권력의 분립이 확정되어 있지 아니한 사회는 헌법을 갖고 있지 아니한다.

제17조. 하나의 불가침적이고 신성한 권리인 소유권은 합법적으로 확인된 공공 필요성이 명백히 요구하고, 또 정당하고, 사전의 보상의 조건하에서가 아니면 침탈될 수 없다.

당시 이집트에 원정 중이던 나폴레옹은 조국의 위급함을 알고, 원정군을 부하에게 맡긴 뒤 귀국했습니다. 그리고 의회 보수파와 결탁해 쿠데타를 일으켜 정권을 장악했습니다.

가난한 귀족 출신인 청년 장교 나폴레옹은 군인이면서도 혁명을 뜨겁게 지지했습니다.

1793년, 프랑스와 영국 사이에 전쟁이 일어났을 때 일입니다. 프랑스의 공화 정부에 반대하는 국왕 쪽 사람들이 영국에 도움을 요청해 일어난 전쟁입니다. 물론 영국도 프랑스 혁명이 자기 나라에 영향을 미치는 것을 바라지 않던 터였습니다.

급진적 개혁 세력이었던 로베스피에르
그는 권력을 잡자 독재를 선포하고 자기 마음대로 권력을 휘둘렀습니다. 그 결과 결국 처형을 당하고 맙니다.

영국군은 프랑스의 툴롱 항으로 들어와 군함에서 대포를 쏘아 대며 공격했고, 프랑스군은 이를 막아 내기 힘들었습니다. 그러자 정부군 사령관이 나폴레옹을 툴롱 전투에 투입했고 나폴레옹은 이 전투에서 승리해 프랑스의 영웅이 되었습니다.

이어 1795년, 나폴레옹은 국왕을 지지하는 보수파들이 반란을 일으키자 대포를 쏘아 이를 진압했습니다. 지나친 진압 작전에 모두들 놀랐지만, 그는 이를 계기로 치안군 사령관이 되었습니다.

쿠데타

쿠데타는 프랑스 어로 '정부에 일격을 가한다.'는 뜻입니다. 힘으로 정권을 무너뜨리거나 빼앗는 일을 이룰 때 이 말을 씁니다. 보통 나라가 내부적으로 불안한 상태에서 발생하고, 지배 계급 내부의 단순한 권력 이동이 이루어지는 일입니다.

나폴레옹 보나파르트
나폴레옹은 유럽 전체에 영향을 주며 프랑스 대혁명의 이상을 퍼트렸습니다. 그는 전쟁마다 승리를 거두었기 때문에 역사상 위대했던 장군들 중 한 명으로 기억되고 있습니다.

그 뒤 그는 자신을 견제하는 정치가들을 피해 이탈리아 원정 길에 올랐습니다. 이탈리아에서 벌어진 전투에서도 그는 큰 공을 세웠습니다. 그래서 오스트리아와 이탈리아는 벨기에와 롬바르디아 지역을 프랑스에 넘겨주게 되었습니다.

나폴레옹은 시민들의 더욱 열렬한 지지를 받게 되었습니다. 나폴레옹은 시민들의 그러한 지지를 등에 업고 1799년 11월, 쿠데타를 일으켜 정권을 잡았습니다.

나폴레옹은 모든 권력과 통치 기능을 중앙 정부를 중심으로 조직해서 강력한 중앙 집권 정부를 만들었습니다. 또 경찰력을 정비하고, 프랑스 은행 설립과 관세 제도 개혁 등으로 경제를 부흥시키려 했습니다. 교육 제도도 바꾸었으며, 출신 성분을 따지지 않고 실력만 있으면 누구든 관리가 될 수 있게 했습니다.

1801년에는 혁명 중 국가에 토지를 모두 빼앗겼던 가톨릭과도 화해했습니다. 또한 국민의 대다수가 가톨릭을 믿고 있는 걸 알았던 그는 나라의 안정을 위해 가톨릭을 국가의 종교로 승인했습니다.

　나폴레옹은 지역적으로 흩어져 있는 나라의 힘을 통일하고 단결시키기 위해 새로운 법도 만들었습니다. 흔히 '나폴레옹 법전'이라고 부르는 『프랑스 민법전』이 그것입니다. 나폴레옹 법전에는 법 앞에서 모든 사람이 평등하고, 종교의 자유를 누릴 수 있으며, 재산을 보호받고, 농노제를 없애야 한다는 프랑스 혁명 이론이 그대로 담겨 있습니다.

의회를 장악하고 쿠데타를 지휘하는 나폴레옹
나폴레옹은 자신이 만든 정부를 의회가 인정하지 않자, 군대를 동원하여 쿠데타를 일으켰습니다. 그리고 개인적인 인기를 등에 업은 채 프랑스의 제1대통령이 되어 겨우 서른 살에 프랑스 정권을 손에 넣었습니다.

나폴레옹 법전

테니스 코트에서 만들어진 국민 의회는 혁명 전에 시행되던 법률을 바꾸기로 결정하고 새로운 법을 만들기 시작했습니다. 그리고 법전을 완성시킨 사람이 바로 나폴레옹입니다. 새로운 법을 만들기 위해 1800년부터 60여 차례의 회의를 직접 열었던 나폴레옹은 1804년, 3월 마침내 '나폴레옹 법전'을 완성했습니다.

나폴레옹 제국의 멸망

나폴레옹은 가는 곳마다 전쟁에서 승리하고, 정복된 나라 사람들에게서 뜨거운 환영까지 받았던 전쟁 영웅입니다. 그는 군대를 신속하게 모으고 이동시키는 탁월한 전술을 구사함으로써 항상 전쟁에서 승리했습니다. 1806년, 프로이센을 무너뜨려 중부 유럽을 정복한 그는 북이탈리아, 오스트리아, 에스파냐, 스웨덴까지 손에 넣은 뒤 러시아에까지 힘을 뻗쳤습니다.

그러나 영국만은 강한 해군력을 바탕으로 나폴레옹에게 끈질기게 맞섰습니다. 프랑스는 대륙을 장악했지만 바다는 영국의 몫이었습니다. 1805년, 트라팔가르 해전에서 넬슨 제독이 이끈 영국 함대가 프랑스와 에스파냐의 연합 함대를 크게 격파한 싸움은 유명합니다.

나폴레옹은 지치지 않고 맞서는 영국을 대륙에서 고립시키기 위해 '대륙 봉쇄령'을 내렸습니다. 육지와 일체 소통하지 못하게 해서 물자의 공급을 막으려는 것이었는데, 그러한 정책으로도 영국을 꺾지는 못했습니다.

한편 나폴레옹에게 정복당한 많은 나라들에서도 불만이 쌓여 갔습니다. 처음에는 옛 제도와 관습에서 해방되어 나폴레옹을 환영했으나, 시간이 흐를수록 나폴레옹에게 저항하는 해방 전쟁이 일기 시작했습니다. 심지어 러시아는 나폴레옹의 요구에도 불구하고 영국과 무역을 계속했습니다.

나폴레옹은 러시아 정벌에 나섰습니다. 그는 1812년 6월, 병사 60만 명과 물자를 운반할 말과 소 등 동물 20만 마리를 이끌고 러시아로 진격하기 시작했습니다. 그해 9월 러시아의 수도

트라팔가르 해전
나폴레옹의 프랑스는 유럽 대륙에서는 계속 승리했지만, 트라팔가르 해전에서 패배하고 맙니다. 그래서 나폴레옹은 영국을 고립시키기로 결정합니다.

모스크바까지 진격했습니다.

나폴레옹은 러시아가 곧 항복할 것으로 믿었습니다. 그러나 러시아는 항복하지 않은 채 겨울이 오기만을 기다렸고, 나폴레옹은 강추위 때문에 더는 러시아 대륙 깊숙이 진격하지 못했습니다.

전쟁 영웅인 나폴레옹에게도 러시아의 겨울 추위는 공포의 대상이었습니다. 나폴레옹은 겨울이 오기 전에 러시아를 빠져나오기 위해 1812년 10월 10일, 러시아의 항복도 받아 내지 못한 채 군대를 되돌렸습니다. 내린 눈으로 길은 이미 진흙탕이었고, 굶주린 병사들은 말을 잡아먹으며 고픈 배를 채웠습니다. 질병과 굶주림으로 많은 병사들이 죽었습니다.

12월 중순, 가까스로 러시아 국경을 벗어나자 이번에는 오스트리아와 프로이센, 스웨덴 등의 연합군이 나폴레옹을 기다리고 있었습니다. 나폴레옹의 군대는 더는 연합군과 싸울 형편이 못 되었기에 연합군은 1814년 프랑스의 수도 파리를 점령할 수 있었습니다. 그리고 나폴레옹은 황제 자리에서 쫓겨나 엘바 섬으로 귀양을 갑니다.

엘바 섬에 유배된 나폴레옹은 권력을 되찾기 위해 기회를 엿보고 있었습니다. 프랑스 사람들은 혁명이 거둔 성과에 강한 애착을 갖고 있었지만, 돌아온 루이 18세와 망명 귀족들은 옛 제도 그대로의 정치를 하고 있었습니다.

이런 국내외 상황을 살피고 있던 나폴레옹은 1815년 3월 1

러시아에서 퇴각하는 나폴레옹
유럽을 정복한 나폴레옹은 러시아까지 정복하려 했지만, 러시아의 혹독한 겨울 추위 때문에 물러나고 맙니다. 결국 수많은 병사를 잃은 나폴레옹은 황제 자리에서 쫓겨나게 됩니다.

일, 600명의 부하를 이끌고 칸에 상륙해 파리로 향했습니다. 루이 18세는 도망쳤고, 나폴레옹은 일주일 만에 파리에 입성했습니다.

농민과 군인들은 돌아온 나폴레옹을 환영했습니다. 그러나 나폴레옹은 프랑스 민중의 열망을 이해하지 못했습니다. 그는 루이 18세와 다름없는 황제가 되었고, 공화정을 바라던 국민들은 크게 실망했습니다.

그런 상황에서 오스트리아와 영국, 프로이센, 러시아가 동

워털루 전투
워털루 전투는 벨기에 남동부 워털루에서 나폴레옹이 이끄는 프랑스군과 연합군이 싸워 연합군이 프랑스군을 격파한 전투입니다. 이 전투는 나폴레옹 최후의 전투이며, 여기서 패배한 나폴레옹은 황제의 자리에서 물러나 세인트헬레나로 유배되어 그곳에서 생을 마치게 됩니다.

맹을 맺어 나폴레옹 군대를 공격했습니다. 나폴레옹은 그해 6월 18일, 워털루 전투에서 크게 패했습니다. 그리고 6월 22일에 두 번째로 폐위되어 7월 15일에 영국 전함에 실려 남대서양에 있는 세인트헬레나 섬으로 유배됩니다. 나폴레옹은 그곳에서 파란만장했던 생을 마쳤습니다. 나폴레옹이 엘바 섬을 탈출하여 파리에 도착한 1815년 3월 20일부터 루이 18세가 파리로 다시 돌아온 1815년 7월 8일까지의 기간을 흔히 '백일천하'라고 합니다.

나폴레옹의 정복 전쟁은 유럽에 큰 변화를 가져다주었습니

다. 영국과 러시아를 제외한 대부분의 유럽을 굴복시킨 그는 가는 곳마다 프랑스 혁명의 상징인 자유와 평등의 이념을 전파했습니다. 또한 유럽 대부분 지역까지 프랑스가 만든 미터법과 법률이 퍼져 나갔습니다.

하지만 나폴레옹의 지배는 유럽 각국에 민족주의를 낳기도 했습니다. 나폴레옹의 지배가 자신들의 민족 문화까지 말살하지 않을까 걱정했기 때문입니다.

빈 체제와 자유주의 운동

나폴레옹 제국의 몰락 후 유럽에서는 새로운 변화의 움직임이 일어났습니다. 그 대표적인 움직임이 '빈 회의'입니다. 나폴레옹이 유럽 여러 나라를 정복해서 프랑스 영토로 만들면서 국경선이 없어지거나 변화했습니다. 이 문제를 해결하기 위해 유럽의 여러 나라 대표자들이 오스트리아의 빈에 모였는데, 그 모임이 바로 빈 회의입니다.

빈 회의를 처음 열고 이끌어 간 사람은 클레멘스 폰 메테르니히입니다. 그는 자신이 유럽 문명을 지키는 수호자라고 생각했고, 혁명은 안정된 사회와 국가를 파괴하는 것이라고 믿었습니다. 그는 그런 자신의 신념에 따라 약 30여 년 동안 유럽 각국의 세력을 조정해 나갔습니다.

빈에 모인 유럽 각국의 대표들은 프랑스의 혁명 정신이 더는 번져 나가지 못하도록 막기 위해 나선 사람들입니다. 따라서 빈

알렉산드르 1세
알렉산드르 1세는 러시아에 쳐들어 온 나폴레옹을 물리쳤으며, 신성 동맹을 맺을 것을 주장하며 유럽의 복고 정책에 앞장섰습니다.

회의에서 마련된 근본 원칙은 '옛 제도로 돌아간다'는 복고주의와 '어느 나라도 나폴레옹의 프랑스처럼 강대국이 될 수 없도록 세력 균형을 이루자'는 것이었습니다. 또한 각 나라는 나폴레옹과 벌인 전쟁 이전에 차지하고 있던 영토를 되찾기 위해 서로 싸웠습니다.

빈 회의는 결국 혁명을 억누르고, 나폴레옹 이전의 왕국을 복원하는 것으로 마무리되었습니다. 이렇게 탄생한 유럽의 새 질서를 '빈 체제'라고 합니다.

1815년, 러시아의 알렉산드르 1세가 내놓은 의견에 따라 빈 체제를 뒷받침하기 위한 '신성 동맹'을 맺었습니다. 신성 동맹에는 유럽 대부분의 국가가 참여했습니다. 이어서 러시아, 오스트리아, 영국, 프로이센, 이 네 나라가 '4국 동맹'을 맺었습니다. 두 동맹은 각국에서 일어난 자유주의 운동을 억압하는 데 큰 역할을 했습니다.

빈 체제는 1820년, 에스파냐에서 첫 어려움을 겪게 됩니다. 형편없는 봉급과 비참한 생활을 견디다 못한 에스파냐의 라틴 아메리카 원정군이 처우 개선을 요구하며 반란을 일으킨 것입니다. 에스파냐의 국왕 페르디난드 7세는 반란군의 뜻을 받아

빈 회의
빈 회의는 나폴레옹 이후 유럽에 퍼진 자유와 평등의 정신이 더는 사회를 흔들지 않게 하기 위해 열린 모임입니다. 빈 회의에 모인 이들은 안정된 사회와 국가를 원했습니다.

들여 예전의 자유주의 헌법을 되살리고자 했습니다. 그러나 빈 회의를 이끌어 온 메테르니히가 자유주의 풍조에 굴복하는 것은 유럽 전체의 안정을 위해 대단히 위험한 일이라며 반대하고 나섰습니다.

1821년, 북이탈리아 피에몬테에서도 반란이 일어났습니다. 오스트리아의 그늘에서 벗어나 이탈리아의 주권을 되찾으려고 했던 이 사건 또한 유럽의 안정을 해친다는 이유로 강력한 힘에 의해 진압되었습니다.

1825년에는 러시아에서 자유주의 체제를 희망하는 사람들

이 반란을 일으켰습니다. 그러나 이 사건 역시 대다수 군인들의 호응을 얻지 못해 실패로 끝났습니다.

빈 체제를 흔든 그리스 독립

빈 회의에 모인 각국 지도자들의 염려에도 불구하고 프랑스 혁명이 몰고 온 자유주의 사상은 이미 유럽 여러 나라로 확대되고 있었습니다.

16세기 이후 오스만 제국의 지배를 받아 오던 그리스에서 1821년 독립 운동이 일어났습니다. 메테르니히는 처음에는 여기에 간섭하지 않았습니다. 내버려 두면 독립 전쟁이 자연스럽게 실패할 것이라고 판단했기 때문입니다.

그러나 러시아가 그리스 독립을 지원하면서 사정이 달라졌습니다. 당시 러시아는 적극적인 남하 정책을 써서 발칸 반도 내에서의 세력을 키우고자 했습니다. 그래서 자유주의 운동을 억압하자던 빈 회의의 약속을 깨고 그리스의 독립 운동을 지원하고 나선 것입니다.

러시아의 태도에 자극을 받은 영국과 프랑스도 그리스를 지원하고 나섰습니다. 러시아 세력이 발칸 반도로 내려오는 것을 바라지 않았기 때문입니다. 대규모 연합군이 구성되고, 1829년 그리스는 오스만 제국으로부터 독립했습니다.

그리스의 독립은 유럽에 확산된 자유주의 사상이 맺은 첫 결실로 빈 체제에 큰 타격을 입혔습니다.

프랑스 7월 혁명과 2월 혁명 그리고 파리 코뮌

나폴레옹이 몰락한 뒤 프랑스는 다시 왕정으로 되돌아갑니다. 다시 돌아온 왕정은 프랑스를 혁명 이전으로 되돌리려 했습니다. 하지만 프랑스에는 이제 그런 낡은 제도를 순순히 받아들일 사람이 없었습니다. 프랑스 국민들은 두 번의 혁명, 즉 7월 혁명과 2월 혁명을 거쳐 다시 공화제를 선택합니다. 정치적 안정을 바랐던 시민들은 대통령 선거에서 나폴레옹의 조카 루이 나폴레옹을 당선시켰습니다.

그는 대통령 임기가 끝나자 국민 투표를 실시해서 황제의 자리에 올랐습니다. 그가 바로 나폴레옹 3세입니다. 그는 나폴레옹 시대의 옛 영광을 재현하고 싶어 했습니다. 그래서 해외 식민지 만들기에 열을 올렸고 상공업을 장려하며 산업화에 박차를 가했습니다. 그러자 상공업에 종사하는 자본가들은 엄청난 부를 소유하게 되었지만 노동자들은 최악의 노동 환경에 시달렸습니다. 이로 인해 모든 사람이 함께 일하고 골고루 나누어 가지는 평등한 세상을 만들어야 한다고 주장하는 사회주의 사상이 노동자들의 저항 속에서

나폴레옹 3세

나폴레옹 3세는 나폴레옹의 조카로 황제가 되어 프랑스의 옛 영광을 되살리고자 노력했습니다. 그러나 그의 노력은 극심한 빈부 격차로 인한 수많은 사회 문제를 낳게 되었습니다.

드레퓌스 사건

1894년, 프랑스의 장교인 드레퓌스는 조국의 중요한 군사 정보를 적국인 독일에 팔았다는 이유로 체포되어 비공개 재판을 받고 종신형을 선고받았습니다. 하지만 드레퓌스가 그런 일을 했다는 확실한 증거가 없었습니다. 단지 그가 유대인이라는 것이 처벌에 큰 영향을 미쳤습니다.

에밀 졸라, 조르주 클레망소 같은 지식인들은 죄 없는 사람을 유대인이라는 이유로 처벌한다며 크게 분노하였고, 드레퓌스의 무죄 입증을 위해 12년간 끈질기게 투쟁했습니다. 그 결과 드레퓌스는 감옥에서 풀려났습니다. 이 사건은 프랑스 사회에서 정의와 진실, 인권 등이 중요한 쟁점으로 자리 잡는 또 하나의 계기가 되었습니다.

싹트게 되었습니다. 이제 프랑스는 자본주의 사회로 접어들면서 왕과 시민의 대립이 아니라 자본가와 노동자의 대결로 대립 모습을 바꾸게 됩니다.

게다가 1870년, 프랑스는 유럽에서의 주도권을 잡기 위해 프로이센에 맞서는 '보불 전쟁'을 일으켰지만 패배하고 맙니다. 이 보불 전쟁의 실패와 함께 나폴레옹 3세의 왕정도 몰락했습니다.

보불 전쟁에서 프랑스가 패하자 수도 파리는 혼란에 휩싸였고 온갖 사상과 각종 정치 세력들이 대결하는 곳으로 변했습니다. 그래서 하루도 조용할 날이 없었습니다. 이에 사회주의 세상을 꿈꾸는 노동자들이 1871년에 파리를 장악합니다. 그들은 프로이센에 항복하기를 거부하고 그들만의 사회주의적 자치 정부를 세웠는데, 이것이 최초의 사회주의 자치 정부인 '파리 코뮌'입니다. 하지만 파리 코뮌은 프로이센과 결탁한 정부군에 62일 만에 진압되고 말았습니다. 그리고 프랑스는 다시 공화정을 수립합니다.

그 뒤 프랑스는 지금까지 공화정을 유지하고 있습니다. 프랑스의 공화정은 국민이 뽑은 대통령과 하원 의원이 나라를 이끌어 가는 형태입니다.

비록 파리 코뮌은 실패했지만 이후 마르크스나 레닌 등 사회주의 사상가들에게 큰 영향을 미치면서 프랑스에 사회주의 정당이 들어서는 밑거름이 되었습니다. 현재 프랑스에는 다양한 계층을 대변하는 여러 정당들과 사회주의 정당이 공존하며, 때론 경쟁하고 때론 연합해서 집권을 하기도 합니다. 이러한 정치 문화는 이후 세계가 미국과 소련으로 나뉘어 자본주의와 사회주의 체제 간에 날카로운 대립각을 세울 때도 서로 다른 생각과 새로운 것을 거부감 없이 수용하고 존중할 수 있게 했습니다. 그리고 이런 힘이 프랑스를 자유의 나라로, 수도 파리를 세계 문화 예술의 중심 도시로 만드는 원동력이 되었습니다.

파리 코뮌

파리 코뮌은 프랑스 파리에서 프랑스 민중들이 처음으로 세운 사회주의 자치 정부입니다. 세계에서 처음으로 노동자 계급이 직접 세운 민주주의 정부라고 평가되고 있는 파리 코뮌은 역사상 처음으로 사회주의 정책들을 실행에 옮겼습니다. 비록 활동 기간은 짧았지만 사회주의 운동에 큰 영향을 주었습니다.

농노 해방을 시도한 러시아

러시아는 여러 민족으로 이루어진 나라입니다. 또한 로마노프 왕조는 대서양에서 태평양에 이르는 광활한 영토를 가지고 있었습니다. 그래서 일찍이 자유주의 혁명이 시작된 유럽의 다른 나라들과 달리 러시아는 19세기에 들어서도 여전히 봉건적인 농노 제도를 유지하였고, 정치적으로도 절대주의 군주 체제를 유지하고 있었습니다. 다양한 민족과 광활한 영토를 통치하기 위해서는 강력한 군주 제도가 필요했기 때문입니다.

이처럼 유럽에서 가장 낙후된 상황에 있던 러시아에서 자유주의 운동이 시작된 것은 나폴레옹 전쟁 이후입니다. 전쟁에 참여했던 러시아의 젊은 장교들에게 자유주의 사상이 알려졌고, 이에 자극을 받은 군인과 귀족들이 반란을 일으켰습니다. 1825년에 일어난 '데카브리스트의 난'이 그것입니다. 자유주의 귀족들은 이 반란을 통해 헌법에 기초한 서구식 국가를 세우려고 했습니다.

그러나 반란에 참여한 자유주의 귀족의 수는 많지 않았고,

프랑스 파리
노트르담 성당에서 바라본 프랑스 파리의 모습입니다.
세계 문화 예술의 중심인 파리를 가로질러 흐르는 강이 바로 센 강입니다.

니콜라이 1세는 무력으로 이를 진압하였습니다. 그 뒤 러시아의 자유주의 귀족들은 많은 탄압을 받았고, 전제 정치는 더욱 강화되었습니다.

한편 자유주의 귀족들과 달리 전통적인 러시아의 문화야말로 인간의 사랑과 신을 섬기는 참된 인간의 문화라고 주장하는 지식인들도 있었습니다.

19세기 중엽 니콜라이 1세는 통치 권력을 더욱 강화하기 위해 비밀경찰 제도를 만들었습니다. 명령과 복종만 있는 군대 조직처럼 사회 구조를 바꾸면 모든 사회적인 혼란을 막고 나라를 발전시킬 수 있다고 생각했던 것입니다. 하지만 이런 생각을 바꾸게 해 준 계기가 있었습니다. 바로 크림 전쟁입니다.

러시아는 북부의 추운 지역에 해안이 있었기 때문에 겨울에는 바다가 얼어서 외국과 교류하는 것이 어려웠습니다. 러시아는 사계절 얼지 않는 항구가 필요했습니다. 그래서 따뜻한 남쪽으로 진출하는 것을 목적으로 그리스 정교도 보호와 슬라브 민족 보호라는 명분을 내세워 흑해 연안을 차지하고 있던 오스만 튀

반듯반듯한 신도시, 19세기의 파리

파리가 오늘날과 같은 모습이 된 것은 제2공화정 때 시작된 '오스만의 파리 도시 개혁'에 의해서입니다. 나폴레옹 3세는 황제가 되자마자 오스만 남작을 파리 지사로 임명해 새로운 파리를 건설하게 했습니다.

파리는 1860년부터 주변 마을들을 합쳐 지금의 면적이 되었습니다. 그리고 기차역과 주요 광장들을 직선으로 연결하는 큰길을 만들었고, 도로 주위에 오스만 양식이라 부르는 새로운 형식의 건물들을 지었습니다. 또 곳곳에 크고 작은 공원들을 조성했고, 주택과 각종 공공시설 및 문화 시설들을 세웠습니다. 특히 상하수도망 건설은 파리 시민의 생활에 혁명적인 변화를 가져왔습니다.

데카브리스트의 난
나폴레옹 전쟁 이후 자유주의 사상이 러시아에 전파되었고, 이에 자극을 받은 러시아의 군인과 귀족들이 반란을 일으켰습니다.

르크를 공격했습니다. 이렇게 일으킨 전쟁이 크림 전쟁입니다.

러시아는 나폴레옹의 군대를 물리친 유일한 나라라는 자부심이 강했기 때문에 전쟁에 자신이 있었습니다. 하지만 러시아의 세력이 확대되는 것을 원하지 않았던 영국, 프랑스, 프로이센 등이 오스만 튀르크의 편에 섰습니다. 게다가 프랑스나 영국군의 무기는 산업의 발달로 인해 러시아보다 훨씬 앞선 상황이었습니다.

러시아는 결국 이 전쟁에서 패배하고 말았습니다. 크림 전쟁이 끝날 무렵 니콜라이 1세가 죽자 황제가 된 알렉산드르 2세는 전쟁의 패배를 거울 삼아 서구의 다른 나라처럼 자유주의 사상을 받아들이고 본격적인 개혁을 펼쳐 유럽의 강대국이 되고자 합니다.

우선 1861년, 알렉산드르 2세는 지방 의회를 설치해 입헌 군주제를 받아들이고, 농노의 신분 자유를 보장하며 토지 소유를 인정하는 농노 해방령을 선포했습니다. 그러나 농노 해방령은 별 성과를 거두지 못했습니다. 농민이 자유를 얻으려면 지주에게 토지를 사야 했는데, 그만한 돈을 가진 농민이 많지 않았기 때문입니다.

농노 해방령이 별 성과를 거두지 못하고 농민들의 생활도 나아지지 않자, 지식인들 사이에서는 농민을 깨우쳐 혁명을 추진하려는 움직임이 일어났습니다. 그들은 직접 농촌으로 들어가 농민 의식 개혁 운동에 나섰습니다. 이것이 브나로드 운동이며, '브나로드'는 '인민 속으로'라는 뜻입니다. 여기에 참여한 지식인들을 인민주의자라는 뜻의 '나로드니키'라고 했습니다.

정부는 브나로드 운동을 탄압했고, 많은 나로드니키들이 체포되었습니다. 브나로드 운동은 이렇게 실패로 끝났지만, 그들의 농촌 계몽 운동은 러시아 사회를 서서히 변화시켜 나갔습니다.

시노페 전투
크림 전쟁 중 한 전투인 시노페 전투의 모습입니다. 러시아는 크림 전쟁에서 패한 뒤 서구의 다른 나라들처럼 자유주의 사상을 받아들이게 됩니다.

이탈리아의 통일

19세기의 이탈리아와 프로이센은 통일된 국가의 형태를 갖추지 못하고 여러 개의 작은 나라로 분열된 채 오스트리아를 견제하며 흩어져 있었습니다. 그런데 당시 유럽은 자유주의가 확산되면서, 개인의 자유뿐 아니라 민족의 자유도 중요하다는 경향이 번져 가고 있었습니다. 이러한 기운에 의해 1870년대에 독립과 통일을 이룬 대표적인 나라가 바로 이탈리아와 프로이센, 즉 독일입니다. 이전까지 영방 국가 형태로 연결되어 있던 작은 나라들의 집합이 지금 우리가 알고 있는 이탈리아와 독일이라는 민족 국가로 태어난 것입니다.

19세기 초 이탈리아는 여러 나라로 분열되어 있었습니다. 남쪽의 시칠리아 섬은 부르봉가의 왕이 다스렸고, 중부는 교황이 직접 지배했으며, 오스트리아 제국이 북부의 롬바르디아와 베네치아 지방을 다스렸습니다. 또 토스카나 공국과 파르마, 모데나는 오스트리아의 귀족들이 각각 다스렸고, 사르데냐 섬은 이탈리아계 왕족인 사보이 왕조가 다스리고 있었습니다.

정치적인 분열 못지않게 문화적, 경제적인 분열도 심각했습니다. 이탈리아의 각 지역은 서로 자기 지방의 전통만 중요하게 여겼고 민족적 친밀감이나 동포 의식도 없었으며 경제적인 관계를 맺을 필요성도 느끼지 않았습니다.

또 대부분의 이탈리아 사람들은 사회 체제와 질서는 신이 정해 준 것으로 믿었기 때문에 왕이나 교황의 명령은 모든 것이 옳다고 생각하며 따랐습니다. 자연스럽게 프랑스의 혁명 정신이나 의회 정치, 자유와 평등 등은 모두 낯설게 여겨 무관심했습니다.

나폴레옹이 이탈리아를 점령하면서, 이탈리아 안의 여러 작

이탈리아 국왕으로 즉위한 나폴레옹
나폴레옹은 이탈리아를 통일하기 위해 도로를 정비하고 법률을 제정했습니다.

은 나라들 사이에 있던 벽이 비로소 허물어졌습니다. 나폴레옹은 각 나라를 잇는 도로를 만들었고, 분열돼 있던 이탈리아의 모든 나라에 똑같이 적용되는 법률을 만들었습니다. 그러면서 이탈리아가 하나의 국가라는 생각이 전파되었고, 헌법과 의회 제도도 실시됐습니다.

한편 중산층 사이에서는 이탈리아가 외국인 지배자를 물리치고 통일해야 경제적으로 강한 나라가 될 수 있다는 생각이 강하게 퍼졌습니다. 또 통일의 기운이 일어나면서 다른 한편에서는 과거 로마 제국을 건설했던 자긍심을 국민들에게 심어 주기 위해 힘썼습니다.

이탈리아의 통일 운동을 주도한 것은 샤르데냐 왕국의 왕 비토리오 에마누엘레 2세입니다. 사르데냐의 재상 카보우르는 산업을 장려하고, 군대를 개편해 국력을 키웠습니다. 그리고 프랑스 나폴레옹 3세의 도움을 받아 오스트리아에 대항하는 통일 전쟁을 일으켰습니다.

에마누엘레 2세는 이 싸움에서 승리해 이탈리아 북부와 중부를 통일했습니다. 그 뒤 이탈리아 통일 운동에 헌신해 온 주

에마누엘레 2세 기념관
이탈리아의 통일을 이룬 에마누엘레 2세를 기념하기 위한 건물입니다. 이 건물의 정면에 있는 계단은 '조국의 계단'이라 불립니다.

세페 가리발디가 남부 이탈리아를 통일한 뒤, 이탈리아 통일이라는 큰 뜻을 위해 자신이 정복한 지역을 사르데냐에 바쳤습니다.

에마누엘레 2세는 1861년 3월 17일, 자신이 이탈리아의 유일한 국왕임을 선포합니다. 그렇게 해서 로마와 베네치아를 제외한 통일 이탈리아 왕국이 세워졌습니다. 그 뒤 이탈리아는 프로이센과 오스트리아가 전쟁을 할 때 프로이센 편에 가담해 베네치아를 얻습니다. 또 1870년의 프로이센과 프랑스 전쟁 때에는 프로이센 편에 서서 로마를 차지합니다.

에마누엘레 2세는 수도를 로마로 정하

이탈리아 통일의 영웅, 주세페 가리발디

가리발디는 이탈리아의 통일 운동과 독립 운동에 헌신한 장군이자 정치가입니다. '붉은 셔츠대'를 조직해서 시칠리아와 나폴리를 정복하고, 남이탈리아를 통일해서 사르데냐 왕국에 바침으로써 이탈리아 통일에 결정적인 공헌을 했습니다. 처음에 그는 이탈리아가 공화국이 되기를 바랐으나, 그것이 어려워지자 사르데냐 왕국 중심의 통일 운동으로 전환했습니다. 가리발디는 지금까지도 이탈리아의 영웅으로 추앙받고 있습니다.

교황이 다스리는 바티칸 제국

756년에 프랑크 왕국의 피핀이 이탈리아 중부 지역을 정복한 뒤 그 일부를 교황에게 바쳤습니다. 그 결과 이탈리아 한복판에 있는 그 지역은 교황이 다스리는 교황령이 되었습니다.

중세 시대에는 교황이 유럽의 정신적 지도자였기 때문에 교황이 통치하던 교황령은 매우 중요한 의미를 가졌습니다. 그러나 19세기에 이르자, 이탈리아를 남부와 북부로 나누는 교황령은 통일의 걸림돌로 여겨졌습니다. 그래서 1870년, 이탈리아군이 교황령을 점령하고, 로마를 수도로 삼으면서 교황령은 사라졌습니다.

그 뒤 1929년, 무솔리니는 교황청과 '라테란 조약'을 맺어 교황청과 그 주변 지역을 독립 국가로 인정했습니다. 그곳이 바로 바티칸 시국입니다.

고, 1870년, 마침내 이탈리아의 통일을 완성했습니다. 통일이 이루어지자 기대에 부푼 이탈리아의 민족주의자들은 고대 로마 제국 시절 같은 영광의 역사가 다시 찾아오리라 믿었습니다. 그러나 독재에 시달려 온 이탈리아의 국민들은 대다수가 문맹이었고, 오랫동안 가난과 굶주림에 찌들어 있었던 탓에 경제와 정치 발전을 이룩하기가 쉽지 않았습니다.

종교 문제도 이탈리아 발전의 큰 걸림돌이었습니다. 대부분의 국민들이 가톨릭을 믿는 탓에 교육, 결혼, 장례 등 종교와 관계가 있는 일들은 여전히 교회가 맡았습니다. 각 지방의 전통적인 정신과 풍습도 문제였습니다.

정부는 좀처럼 풀리지 않는 국내의 여러 가지 어려운 문제들을 해결하기 위한 방법을 찾았습니다. 나라 밖으로 눈을 돌린 것입니다. 그 결과 이탈리아는 아프리카와 지중해 지역으로 군대를 보내 식민지 활동을 벌이게 됩니다.

비스마르크의 철혈 정책과 독일 제국의 탄생

빈 회의를 통해 유럽에 새로운 질서가 형성되면서, 독일은 35개 영방과 4개의 자유시가 모여 독일 연방을 구성했습니다. 그 가운데 가장 강한 영방은 오스트리아와 프로이센이었습니다. 오스트리아는 메테르니히를 중심으로 모든 자유주의 움직임을 억눌렀고 프로이센이나 다른 연방들도 마찬가지였습니다. 그러다 독일 통일을 꿈꾸던 프로이센의 왕 빌헬름 1세가 비스마르크 총리의 도움으로 독일을 통일하게 됩니다.

1862년, 프로이센의 총리가 된 비스마르크는 독일의 통일을 위해서는 강력한 군대가 필요하다고 생각했습니다.

"오늘날 우리에게 주어진 문제는 말이 아니라, 오로지 피와 철로만 해결할 수 있다."

비스마르크는 군비 확장에 반대하는 의회에서 이와 같은 유명한 말을 했습니다. 그가 말한 피와 철은 전쟁과 무기를 뜻했기 때문에 그의 정책을 '철혈 정책'이라고 합니다.

철혈 정책으로 강력한 군대를 거느리게 된 프로이센은 1866년, 독일 통일에 가장 위협적이었던 오스트리아와 전쟁을 벌여 7주 만에 오스트리아를 격파했습니다. 또 프랑스와 벌인 전쟁에서도 승리해 엄청난 액수의 돈도 받아 냅니다. 그리고 북부의 작은 나라들을 중심으로 북독일 연방을 결성합니다.

프로이센은 비로소 서부 유럽에서 막강한 군사력을 거느린 크고 강력한 국가로 등장하게 됩니다. 그것이 바로 독일입니다.

독일 제국 선포식
베르사유 궁전에 있는 거울의 방에서 독일 제국 선포식을 하는 모습입니다. 하얀 제복을 입은 이가 비스마르크입니다.

프로이센의 빌헬름 1세는 1871년, 파리 근교의 베르사유 궁전에서 황제 즉위식을 거행하고, 독일 제국이 탄생했음을 선포했습니다. 그 뒤를 이은 빌헬름 2세는 독일을 더 강력한 국가로 만들고자 노력합니다. 이렇게 독일이 점점 더 크고 강해지자, 영국과 프랑스는 독일을 경계했고, 언제 있을지 모를 독일의 침략에 맞서기 위해 군사 동맹을 맺습니다. 그러고는 러시아까지 동맹국으로 끌어들입니다.

한편 독일도 이에 맞서 이탈리아와 오스트리아를 자기편으로 끌어들였습니다. 그 결과 유럽은 영국을 중심으로 한 프랑스, 러시아의 삼국 협상과 독일을 중심으로 한 이탈리아, 오스트리아의 삼국 동맹으로 나뉘게 되었습니다.

민족주의와 인종주의

독일을 통일한 민족주의자들은 자신들이 새로운 유럽을 창조할 매우 우수한 민족이라고 생각했습니다. 다른 민족과 비교할 때 신체적으로는 물론 언어와 풍습, 윤리와 도덕, 그리고 정신적인 면에서도 뛰어나다고 생각했기 때문입니다. 그래서 민족주의 운동과 함께 인종 차별주의자들이 생겨났습니다.

인종 차별주의자들은 노란 머리와 푸른 눈동자, 흰 피부를 가진 순수 게르만 인종을 하나님이 만든 최고의 걸작이라고 생각했습니다. 그래서 그 혈통을 순수하게 지켜 가야 하며, 다른 인종의 피가 섞이는 것을 반드시 막아야 한다고 주장했습니다.

그들은 독일 민족의 영원한 적으로 유대 민족을 꼽았습니다. 그들은 유대인을 모두 옳지 않고 나쁜 사람, 돈만 탐하는 더럽고 탐욕에 가득 찬 인종으로 몰아붙였습니다. 독

다윗의 별
나치 독일에서 사용된 다윗의 별입니다. 나치 독일은 유대인들에게 노란색 다윗의 별을 반드시 달게 했습니다. 사람들의 눈에 띄게 해서 사회로부터 격리한 것입니다.

일뿐 아니라 19세기 유럽 곳곳에서는 반유대주의가 유행해, 유대인의 시민권과 재산을 모두 빼앗는 사태가 번져 나가고 있었습니다.

반유대 감정은 중세에 이미 유럽 기독교 사회에 뿌리 깊게 자리했던 것이기도 합니다. 그들은 유대인들을 구세주 예수 그리스도를 죽인 민족, 큰 죄를 깨닫지 못하고 있는 나쁜 민족으로 여겼습니다.

노예제를 폐지한 남북 전쟁과 미국의 발전

1776년, 독립을 달성한 미국은 유럽보다 먼저 경제 발전과 민주화를 이룩했습니다. 대다수가 참정권을 가진 시민이라는 장점을 살려 민주주의의 기반을 다져 나갔고, 활발한 서부 개척과 영토 확장으로 경제 역시 눈부시게 발전했습니다.

1803년, 미국 정부는 루이지애나를 프랑스로부터 1,500달러에 사들였습니다. 이를 계기로 미시시피 강을 경계로 묶여 있던 미국의 영토는 서쪽으로 급속하게 팽창하기 시작했습니다. 이른바 서부 개척 시대가 열린 것입니다.

개척자들은 아메리카 원주민들과 충돌하며, 당시 멕시코 영토였던 텍사스 지역까지 뻗어 나갔습니다. 그리고 멕시코로부터 독립하고, 텍사스 공화국을 세운 뒤 미국 연방에 가입했습니다. 또 멕시코와 전쟁을 벌여 지금의 캘리포니아가 포함된 넓은 지역도 빼앗았습니다. 1850년대에 이르자 미국은 대서양 연안에서 태평양 연안에 이르는 광대한 영토를 차지하게 되었습니다. 이렇게 팽창과 발전을 계속하던 미국은 1800년대 중반에 이르러 남부와 북부의 극심한 대립으로 위기를 맞이했습니다.

당시 미국은 남부와 북부에서 발달한 산업이 크게 달랐습니다. 북부는 상업과 공업이 발달했고, 남부는 넓은 땅을 이용한 대농장이 발달했습니다. 남부의 대농장주들은 농장에서 수확한 면화를 영국에 수출하는 것으로 큰돈을 벌었습니다. 그런 농장을 운영하기 위해서는 많은 일손이 필요했고, 값싸게 일할 수 있는 흑인 노예가 꼭 필요했습니다. 그렇기 때문에 남부는 노예 제도를 유지하길 바랐고, 자유로운 농산물 거래를 위해 자유 무역과 지방 분권을 주장했습니다. 하지만 이와 반대로 상공업이 발달한 북부에서는 자유로운 노동력을 확보하기 위해 노예 제도의 폐지를 주장했고, 공업을 보호하기 위해 보호 관세 제도의 실시와 중앙 집권 체제를 원했습니다.

남북이 그렇게 대립하는 가운데 노예제 폐지와 연방주의를 주장하는 북부 출신 링컨이 대통령에 당선되었습니다. 그러자 남부의 일곱 개 주는 연방에서 탈퇴하여 따로 헌법을 만들고 독립합니다.

1861년 4월 6일 남부군이 노스캐롤라이나 주의 섬터 요새를 공격하면서 남북 전쟁이 시작되었습니다. 전쟁 초기에는 남부가 우세했습니다. 그런데 1863년 1월 1일에 링컨이 노예

미국 애리조나 주에 있는 면화 농장
미국 남부의 면화 농장에서는 싼값에 부릴 수 있는 흑인 노예가 꼭 필요했기 때문에 남부의 백인들은 노예 제도가 유지되기를 바랐습니다.

해방을 선언하자 전세는 역전되기 시작했습니다. 남부에 사는 노예들이 북부로 도망을 가거나 폭동을 일으켰습니다. 영국의 여론도 북부를 지지하였습니다. 그리고 그해에 있었던 게티즈버그 전투에서 북군이 승리하면서 전쟁은 북군에 유리해졌습니다.

1865년 5월 26일, 마침내 루이지애나의 남군이 항복함으로써 남북 전쟁은 끝이 났습니다.

전쟁이 끝난 뒤 혼란을 수습하면서 미국은 굳게 단결했습니다. 대륙 철도가 완성되었고 서부 개척은 더욱 활발해졌으며 이민 오는 사람도 늘어났습니다.

거기에 대서양과 태평양을 잇는 파나마 운하까지 개통하자 아메리카 대륙에서 더욱 강한 정치적, 경제적 영향력을 발휘할 수 있게 되었습니다. 그러자 미국 자본주의는 광활한 영토와 풍부한 자본을 바탕으로 빠르게 발전하기 시작했습니다. 이렇

미국 노스캐롤라이나 주에 있는 섬터 요새의 모습
남부군이 이 요새를 공격하기 시작하면서부터 미국의 남북 전쟁이 시작되었습니다.

게 미국이 급속하게 경제 발전을 이룩할 수 있었던 것은 국내에 근대화를 반대하는 봉건 세력이 없었으며, 유럽 각국이 나폴레옹 전쟁의 후유증으로 미국에 간섭할 여력이 없었기 때문입니다.

게티즈버그 전투가 끝난 남북 전쟁 최대 격전지인 '죽음의 들판'
북군의 승리를 결정적으로 만들어 준 게티즈버그 전투가 끝난 뒤 죽음의 들판에 남겨진 시체들의 모습입니다.

라틴 아메리카의 독립

에스파냐의 식민지였던 라틴 아메리카 지역에 독립의 바람이 불기 시작한 것은 19세기 초입니다. 그 무렵 에스파냐는 나폴레옹과 전쟁 중이었고, 그 틈을 타서 라틴 아메리카의 여러 나라들이 독립을 선언한 것입니다.

에스파냐에 맞서 라틴 아메리카의 독립 운동을 주도한 사람은 시몬 볼리바르입니다. 그는 본래 라틴 아메리카를 미국과 같은 하나의 공화국으로 만들려는 꿈을 가지고 있었지만 그 꿈은 실현되지 못했습니다.

링컨의 게티즈버그 연설

남북 전쟁 중 링컨은 게티즈버그에서 '국민의, 국민에 의한, 국민을 위한 정치'라는 유명한 연설을 했습니다. 미국이 가야 할 길을 분명히 밝힌 연설이었습니다.

자영농 창설법

농민의 지지를 얻기 위해 링컨이 남북 전쟁 도중 제정한 법으로, 21세 이상의 농민이 5년 동안 토지를 경작하면 약 66만 제곱미터의 땅을 무상으로 준다는 법입니다.

그러나 에스파냐군과 싸워 베네수엘라, 콜롬비아, 에콰도르, 페루, 볼리비아 등을 독립시켰습니다.

한편 라틴 아메리카 남부에서는 산 마르틴이 독립 전쟁을 주도해서 아르헨티나와 칠레가 탄생했습니다.

에스파냐와 포르투갈의 식민지들인 라틴 아메리카에서 이처럼 독립 운동이 일어나자, 빈 체제를 이끌던 메테르니히는 무력으로 이를 탄압하려고 했습니다. 그러자 미국의 제5대 대통령 제임스 먼로가 이에 맞서 '먼로 선언'을 발표했습니다. '유럽

파나마 운하
파나마 운하는 지금도 매우 중요한 해상 무역의 중요한 통로입니다. 일반적으로 운송 선박이 운하를 지나는 데는 약 8시간에서 10시간 정도 걸립니다.

국가들이 아메리카 대륙에 간섭하지 않으면 미국도 유럽에 간섭하지 않겠다'는 내용의 선언이었습니다. 또한 유럽 국가들이 아메리카 대륙에 새로운 식민지를 만드는 것을 더는 용납하지 않겠다는 내용도 포함되어 있습니다.

먼로 선언은 미국이 유럽의 방해를 받지 않고 아메리카 대륙에서 자신들의 지배권을 확고히 하겠다는 강한 의사 표시였습니다. 유럽 강대국들이 아메리카의 문제에 간섭하지 못하도록 한 이 선언은 라틴 아메리카의 여러 나라들이 독립하는 데 큰 힘이 되었습니다.

영국 역시 라틴 아메리카 나라들의 독립을 적극 지지했습니다. 이 나라들의 독립이 새로운 시장을 확보하는 데 도움이 될 것이라고 생각했기 때문입니다. 이런 여러 가지 상황들이 맞아떨어져서 19세기 초반 라틴 아메리카 대부분의 나라가 독립을 할 수 있었습니다.

이들 국가들은 대부분 공화정을 수립했습니다. 그러나 정치적 지배층은 대부분 에

대서양과 태평양을 잇는 파나마 운하

바다를 이용해 미국 동부에서 서부로 가려면 아메리카 대륙의 남쪽을 돌아가야 합니다. 그래서 미국은 태평양과 대서양을 연결하는 운하가 필요하다는 생각을 하게 되었습니다. 미국은 콜롬비아의 반정부 인사들을 부추겨, 콜롬비아가 지배하던 파나마를 독립시켰습니다. 그리고 북아메리카와 남아메리카가 연결되어 있는 좁은 육지인 파나마 지협에 운하를 건설했습니다.

파나마 운하의 개통으로 미국은 동부에서 서부로 가는 항로를 8,000해리 이상 단축시킬 수 있었습니다. 또 파나마 운하의 관리권을 통해 미국은 아메리카 대륙에서 더욱 강한 정치적, 경제적 영향력을 발휘할 수 있게 되었습니다. 미국이 건설한 파나마 운하의 소유권은 1999년 미국 정부에서 파나마 정부로 반환되었습니다.

시몬 볼리바르의 동상
라틴 아메리카의 해방자로 불리는 볼리바르는 베네수엘라의 독립 운동가이자 군인입니다. 당시 에스파냐의 식민지였던 콜롬비아, 에콰도르, 파나마, 베네수엘라를 독립시켰습니다.

스파냐와 포르투갈에서 건너가 뿌리를 내린 사람들이었고, 경제적으로는 영국의 영향력을 벗어나지 못했습니다.

자유주의를 발전시킨 영국의 의회 개혁

일찍부터 의회 정치가 발달한 영국은 시민들이 투표로 뽑은 하원 의원을 중심으로 한 의회 활동을 통해 여러 차례 선거법을 개정하여 국민의 정치 참여를 확대해 갔습니다. 하지만 영국의 산업 발전에 큰 기여를 한 노동자들에게는 선거권을 주지 않았습니다.

미국의 제5대 대통령, 제임스 먼로
그는 임기 7년째 되던 해에 의회 일반 교서 연설에서 먼로주의를 밝혔습니다.

이에 노동자들은 자신들에게도 선거권을 달라며 '차티스트 운동'을 일으켰습니다. 1830년대 중반부터 10년간 계속된 이 운동은 비록 실패로 끝났지만 유럽에서 노동자들이 일으킨 최초의 대규모 정치 운동이었다는 점에서 의의가 있습니다.

선거권을 얻는 데는 실패했지만 그 뒤 노동자들의 힘겨운 현실을 개선하기 위한 주장은 계속됐습니다. 그리고 이러한 주장은 의회에서 점진적으로 수용되었습니다. 그 결과 1833년에는 노예 노동이 폐지되었고 부녀자와 어린이에 대한 노동 조건이 개선되었으며, 1835년에는 도시의 자치권이 대폭 허용되어 도시 생활의 개선이 이루어졌습니다.

영국 켄싱턴에서 있었던 차티스트 집회
차티스트 운동에 참가한 노동자들은 경제적 향상을 위한 수단으로서 의회 개혁이 한층 더 필요하다고 주장하며 선거권을 요구했습니다.

1846년에는 노동자들의 반대로 곡물법이 폐지됐습니다. 수입되는 곡물에 관세를 매기는 곡물법은 농민과 지주에게는 이익이었지만, 비싼 곡물을 사 먹어야 하는 도시 노동자들에게는 생계의 위협이었습니다. 1870년에는 교육법의 개정으로 영국 공교육이 시작되었습니다.

그리고 1867년과 1884년의 선거법 개정을 통해 마침내 영국의 노동자들도 선거권을 얻게 되었습니다. 그리고 노동조합법을 제정하여 노동자들의 조합 운동을 합법화했습니다.

이렇게 영국은 피 흘리는 혁명 없이 의회 개혁을 통해 자유

빅토리아 여왕
빅토리아 여왕이 통치하던 기간은 대영 제국의 최전성기와 일치합니다. 빅토리아 여왕은 유럽의 많은 왕가와 연결되어 있어 '유럽의 할머니'라고도 불립니다.

주의를 발전시켜 나갑니다. 그런 안정적인 개혁은 19세기 후반 빅토리아 시대라고 하는 영국 역사상 최고의 번영기를 맞는 기반이 되었습니다. 빅토리아 시대에 영국은 세계의 공장이라 불릴 만큼 자본주의가 발전했고, 많은 식민지를 거느렸기 때문에 '해가 지지 않는 나라'라고 불렸습니다. 막강한 대영 제국이 탄생했던 것입니다.

해가 지지 않는 나라의 '빅토리아 여왕'

빅토리아 여왕은 1837년 6월에 열여덟 살의 나이로 왕위에 올라 1901년까지 64년이나 왕의 자리에 있었습니다. 그녀는 '군림하되 통치하지 않는다.'는 원칙을 잘 지켜 국민들로부터 널리 존경을 받았습니다.

그녀가 왕위에 있는 동안 영국의 중산층은 눈부시게 성장했고, 의회제 민주 정치가 발달했으며, 전통적인 지배 계급인 지주 및 귀족과도 융합이 잘 이루어졌습니다. 그 과정에서 도덕과 체면을 존중하는 '신사의 나라, 영국'이라는 문화적 전통도 확립되었습니다. 그러나 영국의 번영은 세계에 흩어져 있던 식민지들의 희생을 바탕으로 한 것이기도 합니다. 1870년대 영국이 직접 통치하거나 자치권을 가진 연방 국가들이 아시아(인도), 오세아니아(오스트레일리아, 뉴질랜드), 북아메리카(캐나다), 아프리카(남아프리카 공화국) 등에 널리 퍼져 있었기 때문에 '해가 지지 않는 대영 제국'이란 말이 생겼습니다. 식민지가 너무 많아서 어딘가에는 반드시 해가 떠 있었기 때문입니다.

 산업 혁명과 자본주의의 성장

르네상스의 바람이 유럽을 이성이 지배하는 사회로 만들면서 사람들은 과학에 눈을 떴고, 과학의 발전은 사람들을 우물 안 개구리에서 벗어나 세계로 눈 돌리게 했습니다. 유럽은 엄청난 부를 가져다주는 신대륙 개발에 힘을 쏟았고, 유럽을 떠나 신대륙 개발에 성공한 나라들은 엄청난 부를 거머쥐게 됩니다. 그러자 유럽의 각 나라들은 너도나도 새로운 땅을 찾아 떠나기 시작했습니다.

엄청난 부, 신대륙이라는 새로운 시장, 그리고 과학의 발달로 인해 산업 혁명이 일어나게 되었습니다. 산업 혁명을 통해 인간의 물질문명이 급속도로 발전하면서 새로운 사회 구조가 만들어지게 되었습니다. 그 과정에서 이전에는 없었던 부르주아와 노동자라는 새로운 계급이 탄생했습니다. 이들은 기존 사회를 지배하던 왕과 귀족을 상대로 협력하여 시민 혁명을 일으키기도 했지만 이후 자본주의가 발전하면서 서로 충돌하게 됩니다.

자본주의의 성장

자본주의는 생산 수단, 즉 자본을 가진 사람이 물건을 만들고 그것을 시장에 팔아서 이익을 얻는 경제 구조를 말합니다. 유럽의 자본주의는 16세기부터 본격적으로 발전했는데, 그러한 발전을 가능하게 한 가장 큰 계기는 바로 신항로 개척입니다. 신항로 개척 후 일어난 가격 혁명과 상업 혁명으로 떼돈을 번 사람들이 있었고, 그 돈은 자본주의 성장의 발판이 되었습니다.

유럽의 여러 나라들은 아메리카 대륙에서 많은 양의 금과 은을 약탈하여 유럽으로 가져왔습니다. 그래서 유럽에서는 물가가 폭등하게 되는데 이것을 가격 혁명이라고 합니다. 물가는 급격히 올랐지만 노동자의 임금은 오르지 않았기 때문에 자본가와 상인의 이윤만 크게 늘어났습니다.

해외 시장이 넓어지자 마침 가격 혁명으로 자본을 모은 유럽의 상인과 자본가들은 상품을 대량 생산할 수 있는 공장을 짓는 일과 상업 활동에 적극적으로 투자해 아시아와 아프리카, 아메리카 대륙까지 넓은 해외 시장에 상품을 팔았습니다. 이렇게 해서 유럽의 상업은 엄청나게 발전했는데, 이를 상업 혁명이라고 합니다. 상업 혁명을 통해 자본가와 상인들 역시 크게 성장합니다.

그 뒤 자본주의는 18세기 후반 산업 혁명을 통해 근대의 특징적인 경제 체제로 굳건히 자리 잡아 지금까지 이어지고 있습니다.

마야 문명의 은세공품
유럽의 국가들은 아메리카로 건너가 많은 양의 금과 은을 약탈해서 유럽에 가져왔습니다. 이로 인해 유럽의 물가는 크게 폭등하고 자본가와 상인들만 많은 돈을 벌게 됩니다.

산업 혁명

손 대신 기계로 물건을 만들고, 사람이나 동물의 힘이 아닌 증기와 같은 과학적인 기술을 이용하여 물건을 만들게 된 생산 방식의 변화를 산업 혁명이라고 합니다. 산업 혁명이 처음 시작된 곳은 영국으로, 그 뒤 세계 곳곳까지 퍼져 나가 인류의 생활과 세계 역사를 크게 바꾸어 놓았습니다.

산업 혁명은 실을 짜는 일에서부터 시작되었습니다. 당시 영국에서는 기술자가 자기 집에서 간단한 도구를 이용해 손으로 옷감을 짜거나, 일꾼 몇을 데리고 함께 옷감을 짜는 것이 보통이었습니다. 이러한 방식을 공장제 수공업이라고 합니다. 그 뒤 옷감의 수요가 점점 늘어나 그런 방식으로는 필요한 옷을 빨리 만들 수 없게 되자, 더 빨리 더 많은 옷을 만들 수 있는 기계를 만들어 내게 되었습니다.

영국에서는 일찍부터 모직물 공업이 발달했지만 값이 너무 비싸서, 값싸고 세탁하기 편한 면직물 공업으로 대체되어 갔습니다. 또 인구 증가와 경제적인 이유로 면직물의 수요 역시 가파르게 증가했습니다. 그러나 지리상의 발견 이후 값싸고 질 좋은 인도산 면화가 대량으로 들어오자, 영국의 면직물 공업은 경쟁력을 잃었습니다. 그래서 기술 혁신을 통해 생산비를 줄이고, 대량 생산까지 할 수 있는 기계를 개발하기 위해 노력하게 되었습니다.

1769년, 리처드 아크라이트라는 사람이 방적기를 만들었습니다. 방적기란 실을 만들어 감고, 옷감 짜는 일을 함께 할 수 있는 기계입니다. 처음에는 말을 이용해 기계를 움직였지만, 1771년에는 물의 힘을 이용해서 움직이는 수력 방적기가 만들어졌습니다.

그 뒤 크럼프턴이라는 직공이 실 꼬기와 실 감기를 번갈아 해서 날실과 씨실 생산이 가능하고, 가는 실까지 생산할 수 있는 우수한 성능의 뮬 방적기를 만들어 냅니다. 하지만 물의 힘을 이용한 기계들은 공장을 강가에 세워야 하는 단점이 있었습니다.

제임스 와트는 1782년에 물의 힘을 대신할 수 있는 증기 기관이라는 새로운 동력을 발명합니다. 증기 기관이 직물 공업에 사용되면서 대규모 공장이 세워지고, 면직물 공업은 대량 생산이 가능하게 됩니다. 또 증기 기관은 면직물 생산뿐 아니라 철강과 석탄 산업에도 널리 사용되기 시작했습니다.

철강 산업은 다른 분야에 비해 매우 늦게 발전하기 시작했고 속도도 느렸습니다. 그러나 산업 전체에 미친 영향은 매우 컸습니다. 특히 1709년, 에이브러햄 다비 1세가 품질이 뛰어난 무쇠를 만들어 내 철강 산업 발전에 크게 이바지했습니다. 18세기 중엽에 이르자 철의 품질은 더욱 개선되었고, 공장 등 모든 시설의 설비에 나무 대신 철을 사용하기 시작했습니다. 또 석탄이 쇠를 녹이는 용광로의 연료로 사용되면서 석탄의 소비량도 크게 늘었습니다.

증기 기관은 석탄 산업에도 이용되기 시작했고, 석탄의 생산량도 크게 늘어났습니다. 그 무렵 석탄은 열차와 증기선의 중요한 연료로 쓰였고, 철강과 더불어 영국 산업 혁명의 심장 같은 역할을 했습니다.

기계 공업이 발달하자 교통수단도 함께 발달했습니다. 대량 생산이 이루어지자 예전처럼 말이나 마차로는 공장에서 사용할 원료와 생산품을 실어 나를 수 없었기 때문입니다. 그래서 한꺼번에 많은 양을 멀리까지 실어 나를 수 있는 교통수단이 필요했고, 증기 기관을 이용한 기관차와 기선 같은 새로운 교통수단이 등장했습니다.

또 교통수단의 발달로 사람들은 생활용품을 쉽게 구하게 되었고, 먼 거리를 빠르고 편안하게 여행할 수 있게 되었습니다. 그뿐만 아니라 사람과 물자의 교류를 촉진시켜 서로 다른 관습을 허물어 새로운 사회 흐름을 따라가지 않을 수 없게 했습니다.

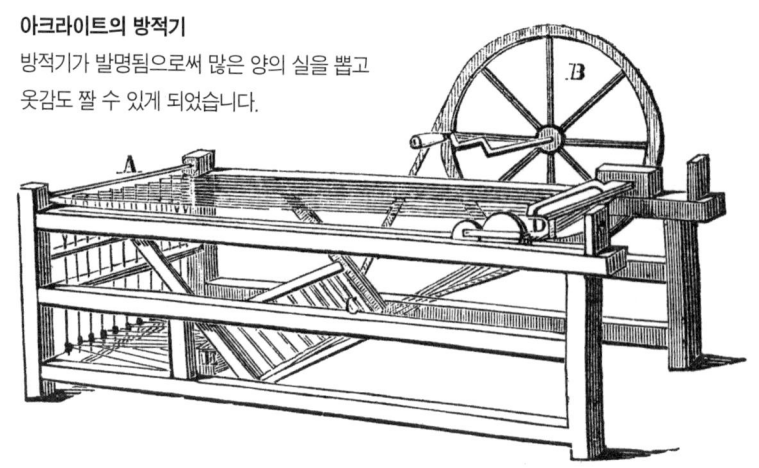

아크라이트의 방적기
방적기가 발명됨으로써 많은 양의 실을 뽑고 옷감도 짤 수 있게 되었습니다.

증기선은 강폭이 좁은 영국에서는 제대로 사용되지 못했지만, 강의 폭이 넓고 긴 미국에서는 매우 중요한 교통수단이 되었습니다. 이처럼 어느 한 분야의 발전은 서로 관련이 있는 다른 분야에 영향을 미쳐 함께 발전해 나갔습니다.

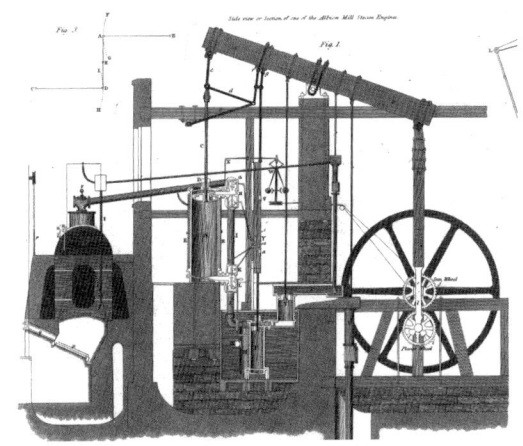

와트의 증기 기관
사람 대신 증기의 힘으로 일을 할 수 있게 되면서 더 많은 물건을 생산할 수 있게 되었습니다.

또 미국의 새뮤얼 모스는 문자를 전기 신호로 바꾸어 먼 곳까지 보낼 수 있는 전보를 발명했고, 알렉산더 그레이엄 벨에 의해 전화가 발명돼 통신 혁명이 이루어졌습니다. 거기에 토머스 에디슨은 밤을 낮처럼 환하게 비출 수 있는 백열등을 발명해 밤에도 낮처럼 생활할 수 있게 되었습니다.

또 산업 혁명은 새로운 사회 질서를 만들어 냈습니다. 자본을 투자해 공장을 짓거나 회사를 만들어 그 주인이 된 사람들과 공장이나 회사에서 일하면서 그 대가를 받아 생활하는 사람들을 중심으로 하는 질서입니다. 이 새로운 질서를 자본주의라 하고 공장이나 회사의 주인을 자본가, 일한 대가로 임금을 받아 생활하는 사람을 노동자라고 합니다. 기계 공업에 밀려 일감을 잃은 수공업자나 가난한 농민들이 공장의 노동자가 되었습니다.

산업 혁명이 처음 시작된 곳은 영국이지만, 곧 유럽 전체와 미국으로 그 물결이 번져 나갔습니다. 그러나 산업화 과정이 모

증기 기관차와 철도

1829년, 조지 스티븐슨은 증기 기관차 로켓호를 발명하여 이듬해에 리버풀과 맨체스터를 시속 약 46킬로미터로 달리는 데 성공했습니다. 이것은 말이 끄는 마차와는 비교할 수 없을 만큼 빠른 속도로, 이전의 증기 기관차 속도와 비교해도 매우 빠른 것입니다. 게다가 증기 기관차는 말과 견줄 수 없을 만큼 많은 화물을 한꺼번에 실어 나를 수 있었기 때문에 석탄을 생산하는 탄광과 면직물 공업 단지를 효과적으로 연결해 주었습니다. 로켓호의 성공은 철도 건설의 붐으로 이어졌습니다. 1838년, 총 805킬로미터이던 영국의 철도 길이가 1850년에는 2,575킬로미터, 1870년에는 24,945킬로미터로 늘어났습니다. 그리고 1880년대에는 유럽의 각 지역이 철도망으로 거미줄처럼 연결되었습니다.

증기 기관 열차
증기 기관 열차는 석탄으로 물을 끓여서 나오는 증기의 힘으로 움직이는 열차입니다. 증기 기관 열차로 인해 교통이 발달하고 산업 혁명은 점차 세계로 퍼져 나가게 됩니다.

든 나라에서 똑같은 모습으로 나타나지는 않았습니다. 영국은 18세기 후반에 산업화가 시작됐고, 프랑스는 19세기 초 나폴레옹이 등장하면서 시작되었습니다. 또한 중부 유럽은 1840년대에 들어서서야 본격적인 산업화 과정을 밟게 됩니다.

그 밖에 이탈리아와 독일에서는 민족 국가가 형성되지 않아 산업화 과정에 많은 어려움을 겪었고, 동유럽의 경우는 뒤늦은 19세기 말에 가서야 산업화의 물결을 타게 되었습니다.

산업화의 과정이 이처럼 나라마다 다른 것은 각 나라의 역사와 자연 조건, 문화 전통이 다르기 때문입니다.

기선

1807년, 미국인 로버트 풀턴은 증기 기관으로 움직이는 배 클러먼트 호를 만들었습니다. 스티븐슨의 기관차보다 20년 이상 먼저 기선을 발명한 것입니다. 1819년에는 기선으로 대서양을 29일 만에 횡단했습니다. 콜럼버스가 범선으로 대서양을 건너는 데 69일이 걸렸으므로, 증기선은 그 시간을 절반 넘게 단축한 것입니다.

산업 혁명 당시 증기 기관선이 오가는 모습
미국 동부의 경우 강들이 폭이 넓고 길어서 증기선은 매우 유용한 교통수단이었습니다.

인간 중심과 산업 사회로의 이동, 근대 사회

영국에서 시작된 산업 혁명

영국은 명예혁명 이후 정치와 사회가 안정되어 유럽 다른 나라들이 시민 혁명의 소용돌이에 휩쓸려 있던 18세기 후반 동안 차분하게 경제를 발전시킬 수 있었습니다. 그뿐만 아니라 상품 생산에 필요한 자본과 원료, 시장, 노동력 등도 다른 나라에 비해 잘 갖추어져 있었습니다.

이러한 조건들은 영국이 다른 나라보다 먼저 산업 혁명을 일으킬 수 있는 원인이 되었습니다. 또 일찍부터 식민지 쟁탈전에서 승리해 세계 곳곳에 식민지를 거느리고 있었기 때문에 생산된 제품을 내다 팔 수 있는 시장도 확보되어 있었습니다. 노동력 또한 풍부했습니다. 두 차례의 인클로저 운동으로 농촌을 떠난 농민들이 공장의 노동자가 되었기 때문입니다.

이처럼 영국은 풍부한 노동력에 공장을 움직이고 기계를 만드는 원료가 되는 철과 석탄 같은 천연자원도 풍부해서, 이를 바탕으로 방적기, 직조기, 증기 기관 등의 새로운 기계를 발명했습니다. 그 결과 영국은 다른 나라보다 빨리 산업을 꽃피울 수 있었습니다.

산업 혁명으로 영국은 눈부신 발전을 이룩했고, 대규모 공업

토머스 에디슨
토머스 에디슨은 미국의 발명가입니다. 세계에서 가장 많은 발명품을 남긴 사람으로 1,093개의 미국 특허가 그의 이름으로 등록되어 있습니다.

도시가 여러 곳에 생기면서 공장의 굴뚝에서 뿜어 나오는 연기가 도시의 하늘에 가득 찼습니다. 그래서 19세기 중반에는 영국 공장에서 생산되는 제품이 세계 공장 생산량의 40퍼센트가 될 정도였습니다.

영국은 19세기 말 산업화 과정에서 사회의 안정과 더불어 산업화의 장점을 최대한 활용하면서 선진 국가로 성장했습니다. 특히 치열한 혁명을 겪지 않고 의회 정치를 통해 여러 사회 문제를 해결하는 전통을 확립했습니다.

프랑스와 오랫동안 계속했던 식민지 쟁탈전과 끈질기게 계속되었던 의회 개혁 속에서 착실한 성장을 이룬 영국은 하나의 기적을 이룬 것처럼 보였습니다. 산업화가 시작된 지 100여 년이 지난 19세기 중엽부터는 산업화의 성과를 노동자 계급에게 나누어 줄 수 있을 만큼 영국은 번영을 누렸습니다. 그와 같은 번영은 영국인들에게 커다란 자부심을 갖게 했습니다.

인클로저 운동

공동으로 경작하던 땅에 울타리를 둘러 지주가 자기 땅임을 명시하던 것을 '인클로저'라고 합니다. 인클로저 운동은 두 차례에 걸쳐 일어났습니다.

15세기 중반 영국에서 양털을 원료로 하는 모직물 공업이 발달하자, 지주들은 자신의 땅을 빌려 농사를 짓던 농민들을 내쫓고 울타리를 두른 다음 양을 키우기 시작했습니다. 농사를 짓는 것보다 양을 길러 모직물 공업의 원료로 대는 것이 더 큰돈을 벌게 해 주었기 때문입니다. 농지에서 쫓겨난 농민들은 도시로 나가 품팔이 노동자가 되었고 삶은 더 힘들어졌습니다. 그러자 곳곳에서 인클로저를 반대하는 농민 봉기가 일어났고, 이것이 제1차 인클로저 운동이 됩니다.

18세기 초, 인구가 증가하고 곡물 가격이 많이 오르자, 지주들은 농지를 사거나 빌려서 대규모 농장을 만들고 기계를 이용해 농사를 지어 곡물을 대량으로 생산하기 시작했습니다. 그 결과 자영농은 거의 몰락하게 되었고, 이런 지주들의 움직임에 반대하며 일어난 것이 제2차 인클로저 운동입니다.

산업 혁명으로 인한 변화와 그늘

산업 혁명의 가장 큰 변화는 공장제 기계 공업에 의한 대량 생산으로 생산력이 놀랄 만큼 크게 향상되었다는 것입니다. 이에 따라 유럽의 주요 국가들은 농업 중심 사회에서 도시적인 산업 사회로 변해 갔습니다.

산업화 초창기에는 가족이나 집안사람끼리 자본을 모아 작은 규모의 공장을 운영했습니다. 그러나 생산 규모가 커지고 중공업이나 화학, 전기 공업 등이 산업화의 핵심이 되면서 큰 자본이 필요하게 되었습니다. 주식회사 형태의 전문적인 자본과 조직이 필요하게 된 것입니다. 주식회사는 자본을 대는 자본가와 전문적인 경영자가 따로 있어서 자본과 경영이 분리되는 회사 형태를 말합니다. 이는 르네상스 때 이탈리아의 도시에도 있었지만, 그것이 전 세계로 널리 퍼지기 시작한 것은 산업 사회 이후입니다.

그래서 이 기간에는 산업화와 아울러 금융업도 크게 발달했습니다. 런던의 바링 가문이나 영국, 프랑스, 독일에까지 큰 영향력을 미친 로스차일드 가문이 그 당시 세계적으로 이름을 떨쳤던 금융 가문입니다.

또한 산업 혁명으로 인해 농촌에서 농사를 짓던 많은 사람들이 일자리를 찾아 공장이 있는 도시로 떠나거나 다른 나라로 이민을 가는 경우도 많았습니다.

예전에는 토지를 얼마나 많이 갖고 있느냐에 따라 부와 권력

등 사회적 신분이 달라졌지만 이제는 돈, 즉 자본을 가진 사람이 실질적인 힘을 행사하게 되었습니다. 이런 구조적인 변화는 많은 부를 축적하여 재산과 교양을 갖춘 중산층의 성장을 촉진시켜 근대적인 시민 정신이 확산되게 했습니다.

1850년대 프랑스 철강 공장의 모습
농촌을 떠난 농민들은 도시에서 노동 계급을 형성하며 산업 혁명의 중심이 되었습니다.

그러나 산업화가 모두를 부자로 만들어 준 것은 아닙니다. 공장에서는 대부분 어린이와 여성 노동자가 보잘것없는 임금을 받으며 혹독한 노동에 시달렸습니다. 부자가 된 사람은 일부분이고, 가난한 사람들이 더 많았습니다.

산업화와 함께 도시가 늘어나고, 도시의 규모도 커졌습니다. 19세기에 들어서면서 영국의 도시 거주자가 전체 인구의 절반을 차지하게 되었습니다.

도시의 규모는 커졌지만 주택은 부족했고, 도로는 비좁았으며, 전기와 상하수도 시설 등도 제대로 갖춰져 있지 않았습니다. 도시는 늘어나는 인구를 감당할 수 없었고 이런 나쁜 생활 환경으로 인해 사람들은 큰 고통을 겪어야 했습니다.

영국의 국력을 과시한 제1회 런던 만국 박람회

1851년, '모든 나라의 산업'이라는 주제로 세계 최초의 만국 박람회가 런던에서 열렸습니다. 영국은 이 박람회를 개최하기 위해 유리와 철로 이루어진 '수정궁'이라는 건물을 새로 짓고, 영국관에는 쇠로 만든 거대한 기계들을 전시해서 세계를 놀라게 했습니다. 박람회는 세계 25개 나라에서 약 1만 7000여 명의 인원이 참여해 6개월 동안 계속되었습니다. 당시의 새로운 상품과 기술이 집합된 성대한 행사로, 전 세계에서 600만 명이 넘는 관람객이 찾아왔습니다.

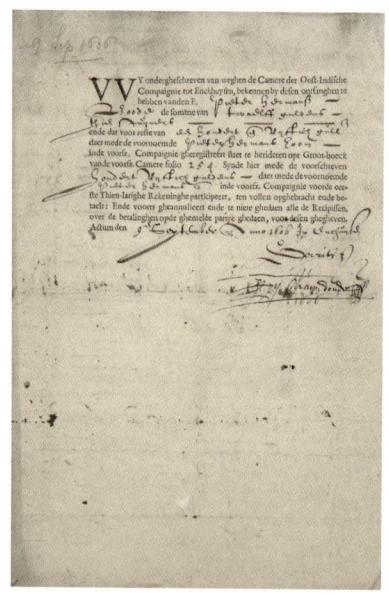 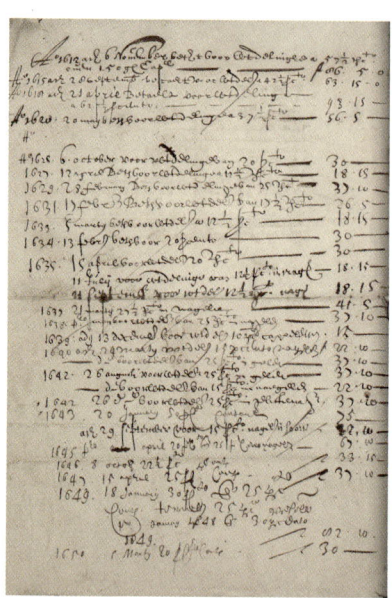

1606년, 독일 동인도 회사의 주식
주식이란 자본가가 회사에 얼마큼의 자본을 댔는지 확인하고, 이에 따른 권리 등을 적은 문서를 말합니다.

농촌에서 밀려나 도시로 온 공장 노동자들은 대부분 가족을 농촌에 두고 혼자 나와 일했으며, 생존을 위해 하루 15시간씩이나 기계처럼 일하지 않으면 안 됐습니다.

또 공장의 주인들은 값싼 노동력을 확보하기 위해 어린이와 여성을 많이 고용했습니다. 당시 영국의 한 관리에 따르면 '공장에서 일하는 아이들은 손발이 야위고, 가슴은 움푹 꺼지고, 얼굴에는 핏기가 없었으며, 돌처럼 무뚝뚝한 표정을 짓고 있었다.'고 합니다.

이처럼 가난한 집 아이들은 유치원에 다닐 나이에 공장에 나가 하루 종일 일했는데 임금은 아주 적었고 환경은 비위생적이었습니다. 그래서 노동자들이 일찍 죽는 경우가 많았습니다. 당시 영국 리버풀에 사는 노동자의 평균 수명은 열다섯 살이었다고 합니다.

사회주의의 성장

산업 혁명 이후 노동자들의 비참한 생활과 빈부의 격차는 더욱 심각해졌습니다. 하지만 자본주의 사회에서는 개인의 자유로운 경제 활동을 중요하게 생각하기 때문에 자본주의 사회에서 나타나는 빈부의 격차나 노동자의 비참한 생활은 어쩔 수 없는 것이라고 생각했습니다.

그러자 이러한 자본주의의 문제점을 비판하는 새로운 사상이 등장했습니다. 바로 사회주의입니다. 사회주의자들은 모든 사람이 함께 일하고 골고루 나누어 가지는 평등한 세상을 만들어야 한다고 주장했습니다. 그러한 주장은 노동자들에게 큰 호응을 얻었습니다.

기계는 우리의 적! 러다이트 운동

러다이트 운동은 1810년대 영국 중부와 북부에서 일어난 기계 파괴 사건입니다. 기계 파괴는 1811년, 영국에서 양말과 레이스를 만들던 노동자들이 새로운 기계를 집단 파괴한 데서 시작해 이듬해에는 북부의 직물업계에까지 번졌습니다. '러다이트'라는 말은 네드 러드라는 이 운동의 지도자 이름에서 유래한 것입니다.

손으로 옷감을 짜거나 자질구레한 소품을 만들어 생계를 유지하던 수공업자들에게 산업 혁명은 재앙이었습니다. 공장에서 값싼 제품이 쏟아져 나오면서 이들은 실업자가 되거나, 어린이나 기술이 없는 여자들처럼 낮은 임금을 받으며 단순 노동을 해야 했습니다.

결국 기계 때문에 일자리를 빼앗겨 비참한 생활을 하게 되었다고 생각한 노동자들은 공장을 찾아다니며 기계를 부쉈습니다. 공장 경영자들에게 커다란 타격을 입혔던 기계 파괴 운동은 1817년 군대에 의해 진압되었습니다.

모든 사람이 함께 일하고, 골고루 나눠 가져야 한다고 주장하는 사회주의는 공상적 사회주의, 과학적 사회주의, 사회민주주의 등으로 구분합니다. 이러한 다양한 사회주의 사상은 노동자들이 자신이 처한 현실을 그냥 받아들이는 게 아니라 자신의 현실을 바꿀 수 있다는 생각을 가지게 했습니다. 그리고 유럽의 각 나라들에서 다양한 형태로 반영되어 사회 제도의 변화와 노동자들의 권리를 향상시키는 밑거름이 되었습니다.

노동자와 함께한 감자

감자는 산업 혁명 당시, 음식을 만들 시간과 도구가 부족했던 노동자들이 간편하게 먹기 좋은 대중 음식이었습니다. 아무 데서나 잘 자라기 때문에 먼 거리를 수송할 필요도 없고, 밀처럼 빻아서 가루로 만들 필요도 없었기 때문에 생산 비용도 적게 들었습니다. 영국의 도시에서는 행상들이 구운 감자를 팔았고, 프랑스에는 감자를 튀긴 프렌치 프라이라는 음식이 등장했습니다. 감자는 산업 혁명을 뒷받침한 노동자들의 음식이었습니다.

감자를 캐는 네덜란드 농민
감자는 남미 대륙에서 유럽으로 전파되었습니다. 18~19세기 즈음 급격한 인구 증가로 인해 인구 부양 문제가 심각해지면서 감자는 싸고 실용적인 농작물로 자리 잡게 되었습니다.

1909년 공장에서 일하는 어린이 노동자의 모습
국제적으로 아동 노동을 강력하게 규제하고 있지만, 국제 노동 기구의 조사 결과에 따르면 오늘날 5세에서 17세 사이의 어린이 노동자는 2억 4000명이라고 합니다.

공상적 사회주의

1800년대 영국의 로버트 오언은 인간의 행복이 성격과 환경에 달려 있다고 생각했습니다. 그래서 그는 모든 사람이 생산과 소비를 공동으로 하여 각자의 성격 차이를 극복할 만큼 좋은 환경을 갖춘 사회를 만들 것을 주장했습니다. 그는 자신의 생각을 실천하기 위해 스코틀랜드의 뉴 라나크에 협동 사업체를 건설했습니다. 이곳의 노동자들은 정해진 짧은 시간만 일했고 복지 시설도 잘 갖추어져 있었습니다. 그러나 그의 실험은

로버트 오언
로버트 오언은 영국 최초의 사회주의자입니다. 그의 시도는 비록 실패로 돌아갔지만, 노동자의 복지 수준을 향상시키려던 그의 노력은 이후 큰 영향력을 발휘하게 됩니다.

주민들 간의 분쟁, 질 낮은 상품 생산과 같은 이유로 결국 실패로 끝났습니다. 오언과 같이 이상적인 사회주의 사회를 건설할 수 있다고 주장한 사상가들을 공상적 사회주의자라고 합니다.

과학적 사회주의

1818년에 태어난 독일의 카를 마르크스는 오언이 주장한 사회주의가 현실성이 없다고 생각했습니다. 그래서 『자본론』이라는 책에서 자본주의를 이론적으로 철저하게 비판하고, 역사를 경제적 관점에서 보아야 한다는 역사관을 주장했습니다. 그는 인류의 역사가 계급 투쟁의 역사이며, 노동자 계급이 자본가에 대항하여 혁명을 일으킬 것이기 때문에 자본주의는 망할 수밖에 없다고 분석했습니다.

마르크스가 그의 친구 엥겔스와 함께 정리한 이 사상을 과학적 사회주의라고 합니다. 과학적 사회주의가 공상적 사회주의와 다른 점은 자본주의의 모순은 노동자 계급이 펼쳐 나갈 투쟁으로 극복될 것이라고 본 데에 있습니다.

마르크스의 동료인 엥겔스가 없었다면 마르크스의 사회주의 사상은 완성될 수 없었을 것입니다. 엥겔스는 1848년 마르크스와 함께 『공산당 선언』을 작성했고, 독일에서 일어난 노동자 혁명에도 함께 참여했습니다. 또한 혁명이 실패한 뒤 영국 런던으로 망명한 마르크스가 경제적으로 어려운 생활을 하자 매달 생활비를 보내 그가 연구에 전념할 수 있도록 도왔습니다. 마르크스의 『자본론』은 친구 엥겔스의 후원과 함께 완성된 것입니다. 그뿐만 아니라 엥겔스는 마르크스가 죽은 뒤, 미처 완성하지 못한 마르크스의 저술들을 다듬어 『자본론』2권, 3권을 완성시키기도 했습니다. 그는 마르크스의 영원한 동료이자 후원자였습니다.

투쟁하는 노동자
1868년, 벨기에 탄광 노동자들의 투쟁을 그린 모습입니다. 자본주의 사회에서는 빈부의 격차가 심해지고 노동자는 나쁜 생활 환경 속에서 큰 고통을 겪어야 했습니다.

1848년 또 하나의 사건, 『공산당 선언』

카를 마르크스와 프리드리히 엥겔스가 함께 지은 『공산당 선언』은 공산주의자들 최초의 선언서이며, 공산주의 이론에 대해 가장 잘 알려진 글입니다. 이 글은 런던에 본부를 둔 국제 노동자 조직이었던 '공산주의자 동맹'의 의뢰를 받아 1848년에 출간되었습니다.

『공산당 선언』은 우리가 살고 있는 자본주의 세계는 그 내부에 있는 모순을 통해서 결국 공산주의 사회로 이행하게 된다는 내용과, 이를 위해 '전 세계의 프롤레타리아(노동 계급)는 단결하라'는 내용을 담고 있습니다.

『공산당 선언』 이후 세계 여러 나라, 특히 유럽에서 공산당이 생겨났습니다. 그리고 1917년, 러시아 혁명을 시작으로 동유럽과 중국, 쿠바 등지에서 사회주의 국가가 탄생했습니다.

또한 자유 민주주의 체제에서도 합법 정당으로 활동하는 공산당이 생겨나 노동자 계급의 이익을 대변하고, 사회적 빈곤을 퇴치하는 데 많은 기여를 했습니다.

사회 민주주의

마르크스는 자본주의가 발달하면 노동자 계급이 폭력 혁명을 일으킬 것이라고 예견했지만 실제로 유럽 어느 나라에서도 러시아와 같은 사회주의 혁명은 일어나지 않았습니다. 오히려 유럽의 각 나라에서는 참정권이 점차 확대되었기 때문에, 노동자들이 합법적으로 정치에 참여하는 일이 늘어나게 되었습니다.

그러자 폭력에 의한 혁명보다는 의회에 진출해서 노동자들을 위한 정책을 만들려는 사회주의자들이 생겨났습니다. 이렇게 민주주의 테두리 안에서 의회를 통해 점차적으로 사회주의를 실현하려 하는 것을 '사회 민주주의'라고 합니다.

수정 자본주의

자본주의가 일찍 발달한 나라에서는 자본가와 노동자의 갈등, 빈부 격차, 실업자 문제 등의 사회 문제 역시 일찍 나타났습니다. 이러한 문제들은 사회 발전의 커다란 걸림돌이 되었습니다. 그러자 문제를 해결하기 위해 노동자들을 위한 각종 사회 제도가 마련되었습니다. 노동조합이 만들어지고, 노동자에 기반을 둔 정당도 나타났습니다. 또 영국의 케인스와 같은 경제학자는 경제 공황과 실업 문제를 해결하기 위해 정부가 적극적으로 나서 투자를 해야 한다고 주장했습니다. 이렇게 자본주의를 본질적으로 바꾸지 않고 사회주의의 장점을 받아들여 자본주의 체제를 발전시킬 수 있다고 주장한 사상을 '수정 자본주의'라고 합니다.

독일 베를린에 있는 마르크스와 엥겔스의 동상
마르크스의 사상은 말 그대로 20세기를 뒤흔들었으며, 마르크스와 엥겔스가 쓴 『자본론』은 지금까지도 그 영향력을 발휘하고 있는 고전 중의 고전입니다.

19세기 자연 과학과 인문 과학의 발달

19세기는 과학 혁명과 인간의 이성을 눈뜨게 한 철학을 바탕으로 근대 시민 문화가 형성된 시기라고 할 수 있습니다. 마이클 패러데이는 발전기의 원리를 발명하고, 빌헬름 뢴트겐은 X선을, 퀴리 부부는 라듐을 발견해 실생활에 응용하기 시작했습니다. 다윈이 주장한 진화론은 생물학뿐 아니라 사회 변화에도 큰 영향을 주었습니다. 이렇게 자연 과학과 인문 과학은 일상생활에 파고들 만큼 한층 발전되었습니다. 또 문학과 예술은 인간의 감정을 표현하고 인간이 처한 현실을 통찰하는 방향으로 발전해 나갑니다. 여기에 신문이나 극장, 박물관 같은 시설도 늘어나 시민들의 문화 수준을 높일 수 있었고 이러한 문화를 바탕으로 교양을 갖춘 시민들의 정치 참여가 늘어났습니다.

증기선, 기차의 등장으로 사람들의 활동 범위가 넓어졌으며, 전화와 전신의 발달로 다른 세계와의 교류도 활발히 이루어졌습니다.

제국주의 이론으로 진화한 진화론

19세기에 과학이 발전하는 데 가장 큰 영향을 준 것은 찰스 다윈의 진화론입니다. 진화론은 학문 분야뿐 아니라 사회 전반에도 큰 영향을 주었습니다.

19세기 이전까지 사람들은 모든 생명은 신으로부터 주어졌고, 만물은 하느님이 창조한 것이라고 믿었습니다. 다윈 이전에도 진화를 말한 사람은 있었지만, 구체적이고 실증적인 증거를 제시하지 못했습니다. 그러나 찰스 다윈은 1859년 『종의 기원』과 1871년 『인류의 혈통』을 펴내면서 사회에 커다란 충격을 몰고 왔습니다. 다윈은 이 저서들에서 많은 증거를 제시하면서 동물들의 여러 변종이 수백만 년 동안 진화 과정을 거

찰스 다윈
그는 『종의 기원』에서 생물의 진화론을 주장했는데, 당시 지배적이었던 창조설, 즉 지구 상의 모든 생물체는 신의 뜻에 의해 창조되고 지배된다는 신 중심주의 학설을 뒤집고 새로운 시대를 열어 인류의 자연 및 정신문명에 커다란 발전을 가져오게 했습니다.

쳐 오늘에 이른 것이라고 설명을 했습니다.

다윈은 삶의 조건에 마땅한 종은 생존 경쟁에서 살아남고, 적합하지 못한 종은 멸종하게 된다고 했습니다. 그리고 여러 세대에 걸쳐 이러한 변화가 계속되고 발전되면 낡은 형태는 점차 사라지고, 새로운 것이 나타나서 새로운 종을 이루게 된다고 했습니다. 또한 인간도 이와 같은 자연의 법칙에 따라 오늘의 모습에 이른 것이라고도 했습니다. 다윈의 이와 같은 진화론은 이전까지 통했던 사고의 틀을 완전히 바꾸어 놓았습니다. 또 진화론은 생물의 진화 문제에만 그치지 않았습니다. 사회 사상가들은 다윈의 '생존 경쟁'과 '자연 도태' 이론을 받아들여 '사회적 다윈주의' 또는 '사회 진화론'으로 발전시켰습니다. 그 결과 역사가 끊임없이 더 나은 방향을 향해 새로운 틀로 진화되어 간다는 진보의 개념이 생겨났습니다. 반면, 약한 것이 강한 것에 잡아먹히는 것처럼 인류의 발전 과정도 약육강식의 냉혹한 법칙을 따른다는 논리를 내세워 침략이나 전쟁을 합리화하는 데 이용하기도 했습니다.

낭만주의와 사실주의

19세기 초의 낭만주의는 인간의 감정과 상상력을 중요시했습니다. 낭만주의는 규격과 형식에 치우친 고전주의와 이성을 지나치게 강조하는 계몽사상에 반발하여 나타난 문예 사조입니다. 직관에 의존하여 비현실적인 것을 좇기도 했고 민족주의와 결합해서 민족의 역사와 전통을 중시하는 경향을 보이기도 했습니다. 철학에서는 요한 고틀리프 피히테와 게오르크 헤겔, 문학에서는 조지 고든 바이런과 빅토르 위고, 미술에서는 외젠 들라크루아, 음악에서는 슈베르트와 쇼팽이 유명합니다.

19세기 후반에는 과학의 발달에 영향을 받아서 현실을 있는 그대로 그리려는 사실주의와 자연주의가 나타났습니다. 이것은 지나친 감성과 상상력, 또는 신비한 것을 좇는 데 반대하며

빈센트 반 고흐의 〈아를의 고흐의 방〉
1888년에 발표된 후기 인상주의 화가 고흐의 작품입니다. 고흐는 네덜란드의 화가로 서양 미술 역사상 아주 위대한 화가 중 한 사람입니다.

현실을 있는 그대로 관찰하고, 그것을 정확하게 그려 내려는 사조입니다. 그러다 보니 산업 사회 안의 모순과 합리적이지 못한 경향을 분석하고 비판하게 되었습니다. 문학의 레프 톨스토이, 미술의 장 프랑수와 밀레 등이 대표적인 인물입니다.

미술에서는 자연주의에 이어 인상파가 등장합니다. 주관적인 인상을 표현하는 데 주안점을 두고 있는 인상파는 형체가 애매하고, 색과 빛이 밝고 화려한 것이 특징입니다. 인상파 화가로는 마네, 모네, 세잔, 고갱, 고흐 등이 있으며, 이들은 현대 회화의 출발점이 되고 있습니다.

자본주의 발달이 만들어 낸 제국주의

19세기 말에서 20세기 초 산업의 발달로 자본을 축적한 강대국들은, 토지와 원료, 노동력 등을 싼값에 이용하기 위해 아시아, 아프리카, 태평양의 여러 나라를 침략해서 식민지로 삼았습니다. 이렇게 군사력을 앞세워 다른 나라를 정치적, 경제적으로 침략하는 것을 제국주의라고 합니다.

제국주의 국가들은 식민지의 자원과 노동력을 빼앗다시피 해서 상품을 만들었고, 그렇게 만든 상품을 식민지에 다시 팔아 큰 이익을 남겼습니다. 당연히 식민지 백성들은 많은 고통을 당했습니다. 제국주의는 산업 혁명과 자본주의 발달이 만들어 낸

합작품이라고 할 수 있습니다.

제국주의 국가들은 다른 나라를 침략할 때 미개한 나라를 개화하기 위해서라는 명분을 내세웠습니다. 영국 시인 러디어드 키플링은 '미개한 유색 인종을 지배하고 개화하는 일은 신이 백인에게 부여한 의무'라고 말하기도 했습니다.

제국주의 국가들은 침략에 앞서 선교사와 의사들을 먼저 들여보내 선교 사업과 의료, 교육 사업 등을 하기도 했습니다. 그러나 곧 본색을 드러내 기업가와 투자가들이 들이닥쳐 식민지를 착취했습니다. 어떤 그럴듯한 명분을 내세운다 해도 제국주의는 약한 나라에 대한 침략과 지배가 최종의 목표였습니다.

자연주의

미술에서 자연주의는 자연 그대로의 모습으로 실제의 사물들을 묘사하고자 하는 것입니다. 사실주의 작가들과 달리 자연주의 작가들은 찰스 다윈의 진화론에 영향을 받았습니다. 그들은 한 인간의 성격을 유전과 사회적 환경이 결정한다고 믿었습니다. 그래서 인간의 노력이나 의지보다는 자연의 힘 앞에서 무력한 인간의 모습을 더 많이 그린 것입니다.

서구 강대국들의 식민지 침탈

인도는 일찍이 영국의 침략 대상이 되었습니다. 영국은 처음에는 동인도 회사를 내세워 인도를 지배하다가 '세포이의 항쟁'을 겪고 난 뒤 인도 제국을 세우고 영국 여왕이 직접 지배했습니다.

중국은 식민지가 되지는 않았지만 유럽 강대국들에게 많은 이권을 빼앗기고, 내정 간섭을 받는 등 반식민지 상태가 되었습니다.

아프리카는 19세기 유럽 제국주의 침략이 가장 심했던 곳으로, 20세기 초까지 라이베리아와 에티오피아를 제외한 아프리카의 모든 지역이 유럽 국가들의 식민지였습니다. 그래서 영국은 본토의 서른두 배, 프랑스는 스무 배, 벨기에는 여든 배, 포르투갈은 열세 배가 되는 땅을 아프리카 대륙에서 차지했습니다.

영국과 프랑스는 아프리카 식민지 지배 과정에서 서로 충돌하기도 했습니다. 영국은 아프리카 북부의 이집트와 아프리카 남쪽의 남아프리카 연방을 연결하여 아프리카를 남북으로 지배하려 했습니다. 반면, 프랑스는 아프리카 서쪽의 알제리에서 사하라 사막을 거쳐 동해안의 마다가스카르까지 아프리카를 동서로 지배하려 했습니다. 그 결과 두 나라는 그 중간 지점인 나일 강 상류의 파쇼다에서 맞닥뜨리게 되었습니다.

제국주의를 풍자한 그림
그림 속에 묘사된 존 로즈는 남아프리카 공화국의 케이프타운에서 이집트 카이로까지 철도를 놓아 아프리카 지도를 영국을 상징하는 붉은색으로 칠하자고 주장했습니다.

이 충돌이 전쟁으로 확대되지는 않았지만 두 나라는 자신들이 편한 대로 아프리카를 분할해서 식민지로 만들었습니다. 나일 강과 콩고 강 유역의 중간에 남북으로 선을 그어 동쪽은 영국, 서쪽은 프랑스의 세력 아래 둔 것입니다.

이 국경선은 아프리카의 다양한 인종과 언어 등을 전혀 고려

하지 않고, 두 나라가 관리하기 편하도록 산맥이나 큰 강을 경계로 나눈 것입니다. 그래서 100년이 넘게 지난 오늘날까지도 아프리카에서 인종과 종교로 인한 잔혹한 전쟁이 계속되고 있습니다.

태평양 지역에서도 제국주의 열강들의 식민지 쟁탈전이 벌어졌습니다. 그래서 영국은 오스트레일리아와 뉴질랜드를, 독일은 마셜 제도와 마리아나 제도 및 캐롤라인 제도 등을, 미국은 필리핀과 하와이, 괌을 차지했습니다.

세포이의 항쟁
세포이의 항쟁은 영국 동인도 회사의 모욕적인 행위에 분노한 인도인들의 전국적인 반영국 투쟁입니다. 세포이의 항쟁을 통해 인도는 식민 지배에서 벗어나기 위한 발걸음을 시작합니다.

세포이의 항쟁

인도에 진출한 영국의 동인도 회사는 인도인 용병을 고용했는데 이들을 '세포이'라고 부릅니다. 세포이의 항쟁도 이 인도인 용병들이 1857년에 영국의 식민지 지배에 대항하여 총을 들고일어난 것을 말합니다.

세포이의 항쟁이 일어날 무렵, 인도인들은 심한 실업과 기근에 시달리고 있었습니다. 무역을 독점한 영국 동인도 회사가 영국에서 만든 공산품을 대량으로 인도에 들여오고, 원료로 쓸 면화를 헐값에 모조리 가져갔기 때문입니다. 그 결과 인도의 전통적인 수공업이 급격히 몰락해서 수많은 노동자들은 일자리를 잃었고, 농촌에서는 기근까지 겹쳐 19세기 초반에만 150만 명이 넘는 인도인이 굶어 죽었습니다. 그 무렵 동인도 회사가 델리 근교에 있는 메러트 시의 세포이들에게 새 총을 지급했는데, 한 병사가 탄약통에 돼지기름과 소기름이 칠해진 것을 발견했습니다. 힌두교도와 이슬람교도가 대부분인 세포이들은 이것을 보고 분노했습니다. 힌두교에서는 소고기를, 이슬람교에서는 돼지고기를 먹지 않았기 때문에 이것이 자신들의 종교를 모욕하는 행동이라고 받아들인 것입니다. 세포이들은 영국 장교에게 몰려가 항의했습니다. 하지만 항의했던 세포이들은 모두 감옥에 갇히고 말았고, 이를 본 나머지 세포이들의 분노가 폭발했습니다. 힌두교와 이슬람교를 믿는 세포이들은 영국 식민주의자들을 인도에서 몰아내겠다고 자신들의 신 앞에 맹세한 뒤, 영국군 장교들을 살해했습니다. 그리고 감옥에 갇힌 동료 병사들과 인도인 죄수들을 풀어 주었습니다.

세포이의 항쟁은 이렇게 시작되었습니다. 세포이들은 하루 만에 메러트 시를 점령한 뒤, 수도인 델리를 향해 진군했습니다. 노동자와 농민들이 속속 봉기에 합류했고, 봉기군의 숫자는 기하급수적으로 불어났습니다. 농민과 수공업자, 옛 지배층까지 가담해서 인도 중부와 북부 일대를 휩쓸며 2년 동안 계속되었던 투쟁은 1859년 영국군에 의해 진압되었습니다. 영국은 이름뿐이던 무굴 제국을 완전히 없애고, 동인도 회사까지 폐쇄한 뒤 인도를 직접 통치하기 시작했습니다. 그리고 잔혹한 보복도 시작되었습니다. 파괴된 교회 하나당 힌두교 사원 100개를 파괴했고, 살해된 영국인 한 명당 인도인 1,000명을 처형하는 야만적인 보복이었습니다. 그 뒤 영국은 1877년 인도 제국을 세우고, 영국 빅토리아 여왕이 인도 제국의 황제를 겸했습니다.

세포이의 항쟁은 인도 최초의 민족 운동이었으며, 그 뒤 인도의 지식인과 종교 지도자들은 반영 독립 투쟁과 근대화 운동을 함께 펼쳐 나갔습니다.

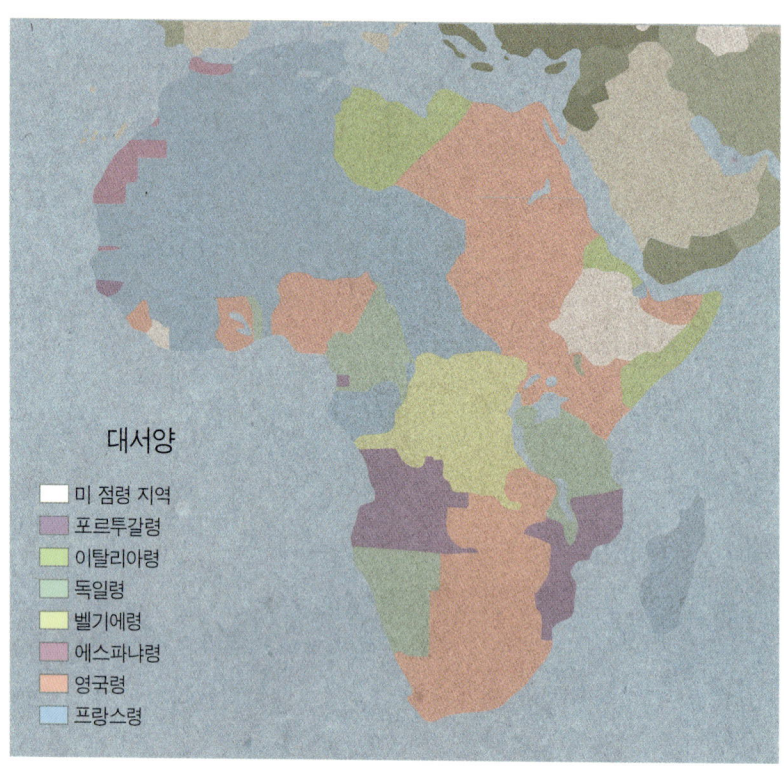

서구 열강에 의해 분할된 아프리카의 모습
1913년 아프리카 대륙의 점령 상태입니다. 유럽의 각 나라들은 식민지를 확대하고자 했고 아프리카에서 유럽 제국주의 국가들 사이에 전쟁이 일어나게 됩니다.

뒤늦게 산업 혁명에 성공한 독일과 이탈리아가 식민지 경쟁에 뛰어들어 열강들의 식민지 쟁탈전은 시간이 갈수록 더 심해졌습니다. 이미 다른 나라가 차지한 식민지를 빼앗기 위해 전쟁을 벌이는 일도 일어났습니다. 제국주의 강대국들 사이의 그와 같은 대결은 결국 제1차 세계 대전으로 이어졌습니다.

근대화 운동과 민족 운동

일찍이 산업 혁명을 통해 자본주의가 발달한 강대국들은 토지나 원료 노동력을 싼값에 이용해 상품을 만들고 다시 이를 되팔 수 있는 대상을 찾아 아프리카, 아시아 등을 침략해 식민지로 만들었습니다. 대다수 식민지들은 아직 산업 혁명이 일어나지 않은 농업 국가들이었습니다. 강대국의 침략을 당한 나라들은 식민 지배에서 벗어나기 위해 서양의 앞선 기술과 제도 등을 적극적으로 받아들여서 자신들도 강대국처럼 강해지려 하기도 했습니다. 이를 근대화 운동이라고 합니다. 반면, 민족의 이익과 전통문화를 지키고 보존하기 위해 외국의 문물을 배척하며 싸우는 움직임도 있었는데 이를 반외세 운동이라고 합니다.

이 둘을 동시에 한 사람들도 있습니다. 새로운 문물을 적극적으로 받아들이면서 힘을 키우는 동시에 고유의 전통문화를 지키기 위해 식민 지배 저항 운동을 한 것입니다. 이렇게 민족의 이익과 전통을 지키기 위해 외세에 저항하는 운동을 민족 운동이라고 합니다.

중국의 아편 전쟁과 베이징 조약

18세기 후반 영국은 중국과의 교역에서 계속 적자에 허덕였습니다. 청으로부터 많은 도자기와 홍차를 사 갔지만, 영국의 주요 수출품인 모직물은 중국에서 그다지 많이 팔리지 않았기 때문입니다.

영국은 적자를 메우기 위해 인도에서 재배한 아편을 몰래 청에 팔았습니다. 그러자 청나라는 국민들의 건강 악화는 물론 막대한 양의 은이 아편값으로 해외로 빠져나가 국가 재정이 위태로워질 지경이 되었습니다. 그러자 청 정부는 엄격하게 아편을 단속하기 시작했고, 영국은 자신들의 뜻대로 무역이 이루어지지 않은 것에 화가 나서 함대를 보내 전쟁을 일으켰습니다. 아편 때문에 벌어진 이 전쟁을 아편 전쟁이라고 합니다.

아편 전쟁은 영국의 승리로 끝났고, 그 결과 1842년 청과 영국 사이에 난징 조약이 체결되었습니다. 이 조약에 따라 청은 다섯 개의 항구를 개항하고, 무역 독점권을 가진 상인들의 조합인 공행을 폐지해야 했습니다. 외국과의 무역을 독점했던 공행이 폐지됨에 따라 영국 상인들은 다섯 개 항구에서 자유롭게 장사를 할 수 있게 되었습니다. 또한 청은 홍콩을 영국에 넘겨주어야 했습니다. 영국은 150년이 지난 1997년이 되어서야 홍콩을 중국에 되돌려주었습니다.

그 밖에 영국은 추가 조약을 통해 영국인이 청에서 죄를 지었더라도 재판권을 영국이 갖는다는 조항을 넣었습니다. 자기 나라 안에서 일어난 외국인 범죄를 자기 나라 법으로 재판하지 못하게 된 것은 대표적인 불평등 조약이라고 할 수 있습니다.

난징 조약 이후에도 영국의 무역 적자는 크게 개선되지 않았습니다. 때마침 광저우에서 청나라 사람 소유의 영국 해적선인

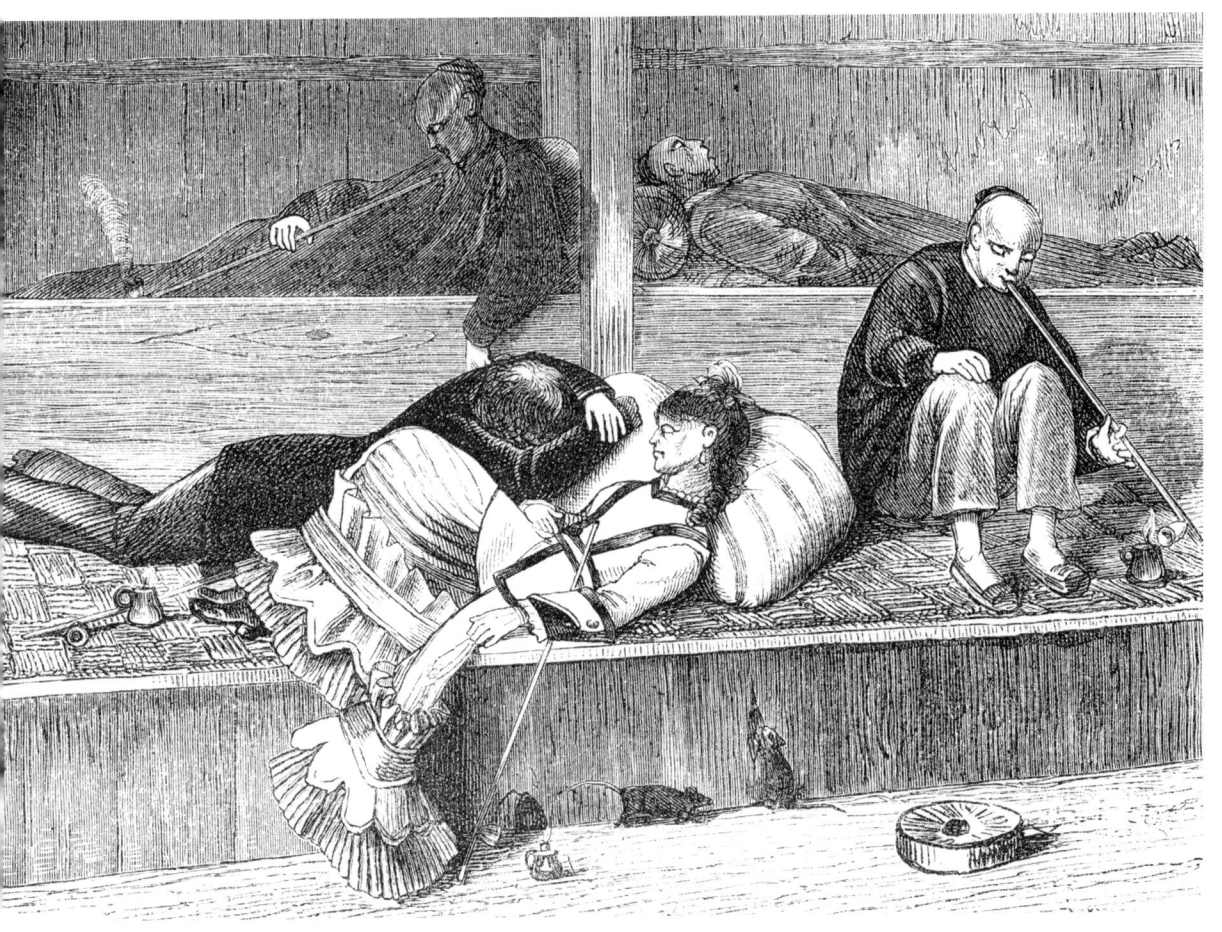

아편에 중독된 중국인
아편은 양귀비라는 식물의 덜 익은 꼬투리에 상처를 내 나오는 유액을 말려 채취한 마약입니다. 아편을 먹으면 환각 증상을 일으켜 마약 중독에 빠지게 됩니다. 영국은 자신들의 욕심을 위해 중국에 아편을 판매했습니다.

애로호에 달린 영국 국기를 청 관리가 끌어내리는 사건이 발생했습니다. 이 사건을 구실로 영국은 다시 전쟁을 일으켰습니다. 프랑스도 이 전쟁에 참여했습니다. 광시 성에서 일어난 프랑스 선교사 피살 사건을 구실 삼아서였습니다. 이 전쟁을 '제2차 아편 전쟁' 또는 '애로호 사건'이라고 합니다.

영국은 프랑스와 연합하여 톈진과 베이징을 점령했습니다. 그리고 톈진 조약과 베이징 조약을 맺어 청으로부터 많은 이권을 빼앗은 뒤 군대를 철수시켰습니다. 이 조약으로 외국인 선교사와 상인들이 자유롭게 중국 땅을 드나들 수 있게 되었습니다. 또 러시아는 조약을 맺을 수 있도록 조정해 준 대가로 연해주를 얻었습니다.

제2차 아편 전쟁의 전투 모습
프랑스와 영국 연합군이 베이징으로 들어가기 위해 싸우는 장면입니다. 서구 열강은 전쟁과 무역 등을 통해 식민지를 확장하고 많은 이권을 챙겼습니다.

중국인들의 저항

청나라 사람들은 서구의 침략에 맞서 태평천국 운동을 비롯해 여러 가지 운동을 일으켰습니다.

태평천국 운동은 1850년 홍수전이 광시성에서 지상 천국의 건설을 내세우며 일으킨 반란을 말합니다. 홍수전은 태평천국을 건설하여 토지를 똑같이 나누고, 남녀평등을 실현하겠다고 말했습니다. 아편 전쟁 이후 늘어난 세금과 물가 폭등에 시달리던 노동자나 실업자 등 다양한 사람들이 반란에 합류했습니다.

세력이 커진 태평천국군은 1853년 난징을 점령해 수도로 정하고 태평천국을 세웠습니다. 그러나 지도층의 내분과 청나라 지배 세력의 반발, 서구 열강의 공격 등으로 태평천국은 15년 만에 멸망합니다.

청의 관리들은 태평천국 운동을 진압하는 과정에서 서양식 무기의 우수성을 깨닫고 서구의 문물을 받아들여 군대를 강화하고, 근대적인 공업을 육성해야 한다고 생각했습니다. 그래서 일으킨 운동을 양무운동이라고 합니다. 또 '법과 제도를 고쳐 스스로 강하게 하겠다.'는 의미의 변법자강 운동도 일어났습니다. 적극적인 정치 개혁을 통해 위기를 극복하고자 했지만, 보수파의 반대로 양무운동과 변법자강 운동은 모두 실패하고 말았습니다.

중국인들은 그리스도교를 서양 침략의 앞잡이로 생각해서 반그리스도교 운동을 벌이기도 했습니다. 또한 산둥에서 의화단이라는 비밀 결사대가 '청을 도와 외세를 몰아내자.'는 반외세 운동을 일으켰습니다. 의화단은 맨주먹과 지팡이를 가지고 몸을 단련하는 단체로, 제국주의의 상징인 교회와 철도 및 전신 시설 등을 파괴하면서 그 세력을 점차 주변 지역으로 확산시켰습니다.

의화단 세력은 1900년에 마침내 베이징까지 확산되었습니다. 청은 의화단을 우호적으로 대했습니다. 그들의 힘을 빌려 서구 강대국을 견제하려 했던 것입니다. 그러나

15년간 중국을 지배했던 태평천국의 옥새
옥새란 왕의 도장으로 외교 문서나 왕 또는 황제의 명령을 확인하는 데 사용했습니다.

인간 중심과 산업 사회로의 이동, 근대 사회

중국을 나누는 제국주의 국가들
1898년 1월 15일, 프랑스 신문 〈르 프티 주르날〉에 실린 만평입니다. 당시 제국주의 국가들에 의한 중국 분할을 풍자했습니다.

맨주먹의 의화단이 총 등의 무기로 무장한 서구 강대국 세력을 막을 수는 없었습니다.

의화단 운동은 결국 베이징에 들어온 영국, 러시아, 일본 등

8개국 연합군에 의해 진압되었습니다. 연합군은 의화단 운동을 진압하는 대가로 청으로부터 베이징 주둔을 허락받았습니다.

이제 베이징은 제국주의의 침략 앞에서 무방비 상태가 되었고, 청의 민중들은 정부의 통치 능력에 의심을 품게 되었습니다. 그것은 정부를 뒤집어엎자는 반청 혁명 운동을 부추기는 배경이 되었습니다.

당시 중국을 실질적으로 지배하던 사람은 서 태후입니다. 서 태후는 조카인 광서제가 의문의 죽임을 당하자, 세 살짜리 푸이를 황제 자리에 앉혔습니다. 어린 푸이를 대신해 자신이 중국을 마음대로 통치하려 했던 것입니다. 그러나 그녀도 광서제가 죽은 다음 날 죽고 말았습니다.

서 태후
서 태후는 1908년 11월 15일에 사망했고, 죽기 직전 푸이를 황제로 정하면서 "다시는 나와 같은 여성이 정치에 관여하는 일이 없도록 하라." 는 유언을 남겼습니다.

청은 귀족들이 어린 푸이를 대신해서 나라를 다스렸습니다. 그러나 외세에 눌려 그들이 할 수 있는 일은 별로 없었고, 그들은 외세와 결탁해 자신들의 잇속을 채우기에 바빴습니다.

나라가 혼란에 빠지자, 의사 출신의 혁명가 쑨원이 '민족, 민권, 민생'이라는 삼민주의를 내세우며 세력을 모았습니다. 이들의 활동은 '철도 국유화 반대 운동'을 계기로 결실을 맺어 전국으로 확산되었습니다. 그리고 1912년 1월에 쑨원을 대총통으로

신해혁명과 쑨원의 삼민주의

'법을 바꾸어 스스로 국력을 강화하자'는 변법자강 운동과 '청을 도와 서양을 몰아내자'는 의화단 운동이 모두 실패하자, 쑨원은 중국을 구하려면 청나라를 없애고 새 나라를 세우는 길밖에 없다고 생각하여 혁명을 일으켰습니다.

쑨원은 삼민주의를 내걸고 중국인에게 무장해서 봉기할 것을 요구했습니다. 1905년에 쑨원이 제창한 '민족주의, 민권주의, 민생주의'의 삼민주의는 중국 근대 혁명의 기본 이념이 되었습니다.

민족주의는 만주족인 청나라를 몰아내고 한족의 나라를 회복하자는 것입니다. 민권주의는 평민이 주도하는 혁명으로 국민의 정부를 세운다는 뜻이고, 민생주의는 모든 국민이 고루 잘사는 나라를 만들자는 의미입니다.

무장 봉기가 처음 시작된 것은 1911년 10월 10일, 우창에서입니다. 이 봉기가 성공한 해가 신해년이어서 이를 '신해혁명'이라고 하며, 10월 10일은 중국의 건국 기념일이 되었습니다.

하는 중화민국이 건국되었습니다. 이를 '신해혁명'이라고 합니다.

신해혁명으로 난징에 중화민국 임시 정부가 들어설 당시 청은 총리대신 위안스카이가 실권을 잡고 있었습니다. 군권을 장악하고 있던 위안스카이는 청 정부의 요청으로 임시 정부를 토벌하기 위해 군대를 출동시켰지만, 바로 공격하지는 않았습니다. 쑨원이 위안스카이에게, 자신들과 손잡으면 대총통 자리를 넘겨주겠다고 제안했기 때문입니다.

결국 쑨원과 손을 잡은 야심가 위안스카이는 군대를 되돌려 베이징으로 돌아가 황제를 협박해 물러나게 했습니다. 그래서 중국은 황제 없는 나라가 되었습니다.

한편 권력을 손에 쥔 위안스카이는 다른 군인 세력들과 싸워야 했고, 나라는 더욱 혼란에 빠졌습니다. 위안스카이가 죽자 쑨원은 군인 세력들을 몰아내고 중국을 통일하겠다고 결심하였습니다. 그러기 위해 국민당을 조직했습니다. 그리고 소련의 도움을 받아 군사 학교를 열고 국민당 혁명군을 훈

런시켰습니다. 이 혁명군의 총사령관이 바로 장제스입니다. 장제스가 이끄는 혁명군은 베이징까지 밀고 올라가 중국 정부를 장악했습니다. 그리고 난징에 장제스를 총통으로 하는 국민당 정부를 세웠습니다. 그러나 쑨원은 국민당이 중국을 통일하는 것을 보지 못하고 죽었습니다.

당시 만주에 주둔하고 있던 일본 관동군은 국민당이 중국 대륙을 통일하는 것을 바라지 않았습니다. 그래서 청의 황제였던 푸이를 내세워 관동에 만주국을 세웠습니다. 그러나 푸이는 일본군의 꼭두각시에 불과했고, 만주국은 일본군의 군사 기지 역할만 한 셈이었습니다.

청의 마지막 황제, 푸이
푸이는 청나라의 마지막 황제인 선통제이자 만주국의 초대 황제인 강덕제이기도 합니다. 중국 역사상 마지막 황제로 널리 알려져 있습니다.

푸이는 제2차 세계 대전 뒤 10년 동안 전범 수용소에 갇혀 지냈고, 풀려나온 뒤에는 베이징 식물원의 정원사를 거쳐 역사 집필 위원으로 활동하다 암에 걸려 사망했습니다.

대장정과 중국 공산당

국민당은 소련의 도움으로 크게 강해졌고, 많은 중국인들은 소련을 중국이 본받아야 할 나라라고 생각했습니다. 그런 분위기 속에서 소련 공산당은 중국의 공산주의 교육을 돕기도 했습니다.

마오쩌둥
마오쩌둥은 중국의 정치인, 군인, 교육자, 혁명가, 사상가이며 중화 인민 공화국을 수립한 초대 국가 주석이며 공산주의자입니다. 그는 이른바 '모택동주의'를 창시한 사상가로 이름을 남겼으며 시인이자 서예가로도 유명합니다.

1921년, 마오쩌둥 등 공산주의에 관심을 가진 사람들이 중국 공산당을 만들었습니다. 사회주의를 지지하는 공산당과 자본주의를 지지하는 국민당은 서로 이념이 달랐지만, 우선 힘을 합해 일본을 물리쳐야 한다는 생각으로 손을 잡았습니다. 이를

'국공 합작'이라고 합니다.

그러나 장제스가 이끄는 국민당 당원들은 중국 공산당이 소련의 앞잡이 노릇을 하고 있다며 비판하기 시작했습니다. 장제스도 공산당은 국민당의 적이라고 선언했습니다.

마오쩌둥은 결국 국민당에 쫓겨나 후난 성에서 봉기를 일으켰습니다. 그러나 이마저 국민당에 진압당해 공산당은 험한 산악 지대인 장시 성으로 쫓겨났습니다.

마오쩌둥이 이끄는 군사를 홍군이라고 불렀는데, 홍군은 신분의 차별과 부자와 가난한 사람들의 차별이 없는 평등한 세상을 꿈꾸며 전국 각지에서 모인 군사 조직이었습니다. 전국 각지의 홍군들을 이끄는 군사 지도자들은 속속 마오쩌둥에게 합류했습니다. 그리고 마오쩌둥은 홍군을 이끌고 온 군사 지도자와 함께 지주들로부터 토지를 빼앗아 가난한 농민들에게 고루 나눠 주며 민중들의 지지를 얻었습니다. 이를 바탕으로 마오쩌둥과 공산당 지도자들은 장시 성에 독립 정부를 세웠고, 마오쩌둥이 중화 인민 공화국의 주석이 되었습니다.

그러자 장제스가 이끄는 국민당은 10만 병력으로 장시 성을 공격했지만 마오쩌둥이 이끄는 홍군에 패하고 말았습니다. 장제스는 다시 20만 병력으로 홍군을 공격했지만 또 패배했습니다. 장제스는 70만 병력을 동원하여 또 공격했습니다.

병력 수에서 밀린 홍군은 근거지인 장시 성을 포기하고 후퇴하기 시작했습니다. 홍군을 비롯해 10만여 명은 국민당의 추격

대장정 기념 동상
대장정을 이끌고 있는 마오쩌둥의 모습을 담은 동상입니다. 대장정을 통해 중국 공산당은 국민들로부터 국민당보다 더 큰 지지를 받게 됩니다.

을 피해 서쪽으로 후퇴를 계속했습니다. 그들은 산맥 열여덟 개를 넘고, 강 스물네 개를 건너 중국 서북 지방의 산시 성 북부에 도착했습니다. 368일 동안 1만 5000킬로미터의 먼 거리를 행군한 것입니다. 그동안 전투와 질병, 추위와 굶주림으로 많은 사람들이 죽어, 살아남은 사람은 고작 8,000명 정도였습니다.

이 길고 험난했던 행군을 대장정이라고 합니다. 마오쩌둥은 대장정을 통해 중국 공산당에서 가장 강력한 지도자가 되었습니다. 이와 반대로 국민당은 침략자인 일본군은 몰아내지 않고, 같은 중국인을 죽이는 나쁜 조직이라는 생각을 중국인들에게 심어 주었습니다. 이 기회를 틈타 공산당 지도자들은 '같은 중국 사람끼리 싸워서는 안 된다.'는 표어를 내걸었습니다. 또 국민당 내부에서도 같은 민족끼리 더는 싸워서는 안 된다고 주장하는 사람들이 많아졌습니다.

1936년, 장제스는 얼마 남지 않은 홍군의 완전한 토벌을 독촉하기 위해 북서 지방의 시안으로 갔습니다. 그때 국민당 지휘관 장쉐량이 장제스를 감옥에 가두고, 홍군과 힘을 합쳐 일본군과 싸우라고 요구를 했습니다. 내전 중지를 요구한 이 사건을 시안 사건이라고 합니다. 장제스는 그 요구를 받아들이고 나서야 풀려날 수 있었습니다.

장제스
장제스의 국민당은 마오쩌둥의 공산당에 밀려 중국 대륙 본토를 포기하고 타이완으로 옮겨 갔습니다. 장제스는 중화민국의 총통과 국민당 총재로 타이완을 지배하다가 1975년에 사망했습니다.

공산당이 항일 투쟁에서 국민들에게 강한 인상을 심어 준 탓에, 제2차 세계 대전이 계속되는 동안 민심은 국민당보다 공산당 쪽으로 기울었습니다. 제2차 세계 대전이 끝난 뒤 장제스와 마오쩌둥은 협정을 맺고 서로 싸우는 것을 끝내기로 했습니다.

그러나 장제스는 협정을 파기하고 공산당 거점을 총공격했습니다. 처음에는 군사력에서 앞선 장제스가 유리했지만, 차츰 민심을 얻고 있는 공산당 군대가 국민당 군대를 제압하기 시작했습니다. 공산당은 점령한 도시에서 지주들의 토지를 빼앗아 가난한 농민들에게 나누어 주었기 때문에 민심이 더욱 공산당 쪽으로 기울었던 것입니다.

마오쩌둥은 홍군을 인민 해방군으로 개편하고 대대적인 반격을 시작했습니다. 장제스는 결국 조그만 섬 타이완으로 밀려나게 됩니다. 그것이 오늘날의 타이완입니다.

마오쩌둥은 1949년 10월 11일, 중국 본토에 중화 인민 공화국을 세우고 국가 주석의 자리에 올랐습니다. 이것을 중국 혁명이라고 합니다.

마오쩌둥은 중국인의 존경과 사랑을 한 몸에 받았습니다. 자기 땅을 갖게 된 농민들은 열심히 일해서 수확한 곡식을 더는 지주들에게 빼앗기지 않아도 되었기 때문입니다. 그러나 국민당 지지자들과 지주들은 처형당하고, 감옥에 갇혀야 했습니다.

일본의 근대화

1853년 미국은 페리 제독으로 하여금 군사력을 동원해서 일본의 문을 열게 했습니다.

일본은 개항 이후 외국 상품이 쏟아져 들어와 국내 경제가 큰 타격을 입었습니다. 그래서 생활이 어려워진 하급 무사들을 중심으로 '양이 운동'이 일어났습니다. 양이 운동은 서양 오랑캐를 배척하자는 운동입니다.

또 이와 같은 상황이 모두 막부의 잘못 때문이라고 해서, 막부를 타도하고 천황을 중심으로 나라를 다스리자는 운동도 일어났습니다. 막부의 쇼군은 군사를 일으켜 맞섰지만 패배했고

메이지 천황
사진 중앙에 있는 10대의 메이지 천황이 외국 대사들을 만나는 장면입니다. 일본은 메이지 유신을 통해 서구의 문물과 제도를 받아들이며 근대 국가로 나아가게 됩니다.

그 결과 700년 동안 계속됐던 막부 시대는 막을 내렸습니다.

천황 중심의 새 정부는 1868년에 수도를 도쿄로 옮기고, 서구의 문물과 제도를 받아들여 대대적인 개혁을 추진했습니다. 이 시기에 이루어진 근대적인 개혁을 메이지 유신이라고 합니다.

메이지 유신으로 일본은 정치와 행정 체제를 봉건제에서 중앙 집권제로 바꾸고, 신분제도 철폐했습니다. 사무라이의 특권도 폐지되었고, 징병제를 실시해서 모든 국민이 군대에 가게 되었습니다. 군대에서는 천황 숭배 교육을 해서 국민들의 애국심을 높였습니다.

또 서양 문물을 적극적으로 받아들이고, 서양의 기술과 설비, 기계 등을 도입해서 근대적인 산업을 발전시켰습니다. 국립 은행을 설립하고, 통신과 교통 기관도 정비했습니다.

이와쿠라 사절단
1871년에 일본이 서양에 파견한 해외 사절단의 모습입니다.

1871년에는 대규모 사절단을 서양에 파견해 그동안 맺었던 불평등 조약에 대해서 논의하고, 서구의 문물과 제도도 살펴보았습니다. 이 사절단에는 메이지 정부의 핵심 인사들이 포함되어 있었으며, 남녀 어린이들까지 있어서 이 어린이들이 뒷날 일본 근대화에 중요한 역할을 했습니다.

메이지 유신을 시작한 뒤 30여 년 동안 눈부신 발전을 이룩한 일본은 1894년 한반도를 차지하기 위해 중국과 전쟁을 벌였습니다. 모두들 중국이 승리할 것이라고 예상했지만, 결과는 일본의 승리였습니다. 서구 강대국들은 일본의 세력이 커지는 것을 막기 위해 일본이 중국에 요구한 랴오둥 지역을 독일과 러시아가 차지하도록 했습니다. 1904년, 일본은 다시 러시아와 맞붙었습니다. 이번에는 만주를 차지하기 위한 전쟁이었습니다. 영국은 러시아의 남하를 막기 위해 일본과 비밀 조약을 맺었고, 일본은 이 전쟁에서도 승리했습니다.

서구 강대국들은 일본의 힘을 새삼 인정하게 되었습니다. 그 결과 일본은 제국주의 국가 운영에 참여할 수 있는 몫을 갖게 되었고, 한국을 식민지로 만들 수 있는 바탕을 마련했습니다. 일본은 러일 전쟁이 끝나고 얼마 되지 않아 우리나라와 을사 조약을 맺어 외교권을 빼앗아 갑니다.

러일 전쟁
봉천 전투에서 패배한 러시아군이 일본군을 피해 후퇴하는 모습입니다. 결국 일본은 러일 전쟁에서 승리했고 이를 바탕으로 한국을 식민지로 만들기 시작합니다.

인도의 민족 운동과 마하트마 간디

세포이의 항쟁이 실패로 끝난 뒤 전국적인 조직의 필요성을 느낀 인도인들은 1885년 인도 국민 회의를 창설했습니다.

국민 회의는 초기에 영국에 협조하면서 인도인의 권익 보호를 위해 힘썼습니다. 그러나 1890년에 들어서면서 반영, 반제국주의 움직임을 보이기 시작했습니다. 1905년에 영국이 힌두교도와 이슬람교도를 이간시키기 위해 벵골을 분할하려 하자 본격적으로 반영 운동을 시작했습니다.

반영 운동의 중심에는 인도 국민들의 존경을 한 몸에 받고 있던 간디가 있었습니다. 간디는 제1차 세계 대전이 끝난 뒤, 영국이 인도를 독립시켜 주겠다고 했던 약속을 지키지 않자 비폭

인도의 정신적·정치적 지도자, 마하트마 간디
젊은 시절 영국에서 유학을 했던 간디는 조국인 인도에 영구 귀국한 뒤로 자신만의 방식인 비폭력 독립 운동을 이끌며 인도의 독립을 위해 힘썼습니다.

력 불복종 독립 운동을 전개했습니다. 피켓 들기, 농성, 고의적인 법률 위반, 납세 거부, 영국 상품 불매 운동 등이 간디가 전개한 비폭력 불복종 독립 운동의 대표적인 사례들입니다.

간디는 일생 동안 비폭력의 원칙을 지켰으며, 그런 간디의 방식은 인도뿐 아니라 전 세계 사람들에게 큰 영향을 주었습니다. 1918년 간디는 인도 국민 회의의 지도자가 되어 인도 독립 운동을 이끌었으며, 인도인들은 그를 마하트마 간디라고 불렀습니다. 마하트마는 '위대한 영혼'이라는 뜻입니다.

동남아시아의 민족 운동

19세기 말에 이르자 동남아시아의 대부분 지역은 유럽의 식민지가 되었습니다. 프랑스는 지금의 베트남과 캄보디아, 라오스를 통합해서 프랑스령 인도차이나라고 부르며 식민 통치를 했습니다. 또한 네덜란드는 인도네시아를, 영국은 말레이시아를 식민지로 만들었고 미국은 에스파냐와의 전쟁에서 이겨 필리핀을 차지했습니다.

유럽 열강들의 식민 지배가 강화되면서, 동남아시아 여러 나라에서는 그들의 지배에서 벗어나려는 민족 운동이 거세게 일어났습니다. 베트남의 황제는 온 국민이 프랑스의 침략에 대항할 것을 호소했고, 미얀마에서는 지식인들과 불교 지도자들을 중심으로 영국에 대항하는 민족 운동을 전개했습니다.

또 인도네시아에서는 지식인과 상인들이 네덜란드에 저항해서 독립 운동을 벌였습니다. 필리핀에서도 지식인과 원주민 신부들이 계몽 운동과 반에스파냐 민족 운동을 전개했으며, 필리핀이 미국의 지배에 들어가자 이번에는 반미 운동을 벌였습니다.

동남아시아에서 식민지가 되지 않고 독립을 지킨 유일한 나

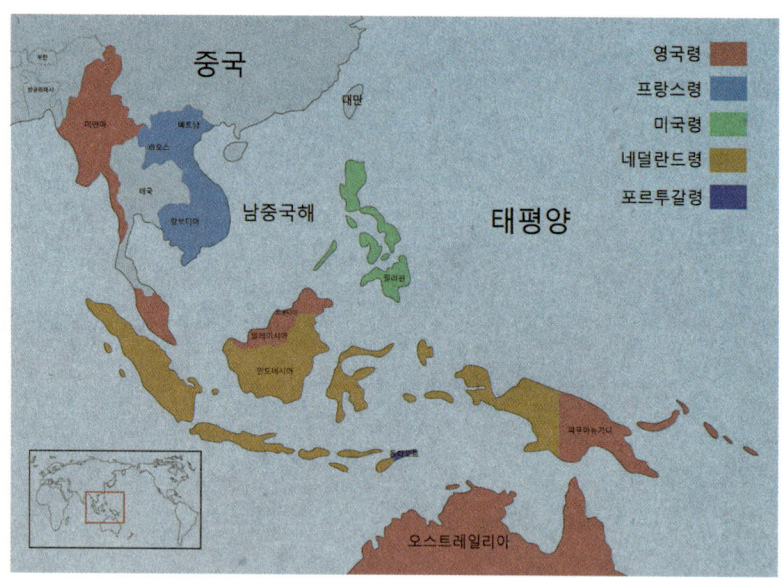

유럽 열강에 의해 나누어진 동남아시아
19세기 말, 대부분 지역이 유럽의 식민지였던 동남아시아에서는 식민 지배에서 벗어나려는 열망으로 독립 운동을 벌였습니다.

라는 타이입니다. 타이는 영국과 프랑스가 서로 차지하려고 다투는 바람에 어느 한 나라의 식민지가 되지 않았습니다. 또한 당시 타이를 다스리던 샴 왕국이 국제 정세에 현명하게 대처한 덕분에 식민지가 되지 않았습니다.

샴 왕국은 제국주의 나라들에게 각종 이권을 적절하게 양보하거나, 때로는 영토를 떼어 주면서 독립을 지켜 나갔습니다. 그리고 재빨리 발달한 문물을 받아들이는 등 근대화를 추진했습니다. 또 일본이 동남아시아에 진출했을 때는 일본에 협력하면서 나라를 지켰습니다. 그래서 타이 국민들은 지금도 왕실을 존경하고 있습니다.

엄청 큰 농장에 한 가지 작물만 심는 플랜테이션

플랜테이션은 서양인의 자본과 기술로 원주민의 값싼 노동력을 이용해 한 가지 작물만 대규모로 재배하는 기업적인 농업 경영을 말합니다. 동남아시아는 지리적 특성상 기온이 높고 습한 기후 덕분에 식물이 잘 자란다는 이점을 갖고 있습니다. 자원 또한 풍부하여 플랜테이션 경영에 적합한 곳이었습니다. 식민 통치자들은 산업의 원료가 될 것들을 가공하여 본국으로 가져갔습니다.

네덜란드는 1830년대 이후 유럽 시장에서 팔 작물인 커피와 사탕수수, 담배 등을 자와 섬에서 강제로 재배하게 했습니다. 그리고 그것들이 재배되는 대규모 농장 근처에 가공 공장까지 세워 상품을 만들었습니다. 그 결과 네덜란드는 큰돈을 벌 수 있었지만, 농장과 공장에서 값싼 임금을 받으며 힘들게 일해야 했던 자와 섬의 농민들은 큰 고통을 겪었습니다.

플랜테이션 경영은 식민지가 된 국가의 농업이 본국의 산업에 완전히 의존하는 왜곡된 구조였기 때문에 식민지에는 경제적으로 큰 타격일 수밖에 없었습니다. 그뿐만 아니라 식민지의 자연환경까지 크게 파괴했습니다.

영국의 동인도 회사가 인도 벵골 지방에서 시행했던 면화의 강제 재배, 에스파냐가 필리핀 군도에서 마닐라 삼과 담배 등을 재배한 것도 플랜테이션 경영이었습니다.

오스만 제국의 근대화 운동

1299년, 소아시아 지역에 들어선 오스만 제국은 16세기에 들어서 헝가리와 북아프리카 지역까지 정복하며 대제국을 이루었습니다. 그러나 신항로 개척으로 동방 무역의 이익이 줄어들자 17세기 이후 쇠퇴의 길을 걷게 됩니다. 보스니아와 세르비아는 오스트리아에, 크림 반도와 흑해 연안은 러시아에 빼앗기는 등 유럽 열강의 침략으로 영토는 계속 축소되었습니다. 그러는 중에 제국 안에서도 서로 다른 민족들이 독립 운동을 벌였습니다.

오스만 제국의 힘이 약해진 틈을 타 발칸 반도의 슬라브

'터키의 아버지'라는 칭호를 받은 무스타파 케말
터키 독립에 혁혁한 공을 세운 무스타파 케말은 터키가 독립하여 공화국이 되자 초대 대통령이 되었습니다.

족 국가들이 민족주의를 내세우며 들고일어났습니다. 그 결과 1829년 그리스가 독립했고, 범슬라브주의를 내세운 러시아의 압력으로 세르비아, 몬테네그로, 루마니아, 불가리아 등이 독립했습니다.

이에 자극을 받은 오스만 제국은 뒤늦게 개혁에 나서 헌법을 제정하고 의회도 구성했습니다. 또 유럽의 군사, 징병, 행정, 토지, 교육 제도 등을 받아들여 근대화에 나섰습니다. 그러나 보수파의 반발과 러시아의 내정 간섭으로 큰 성과를 거두지 못했습니다. 그리고 유럽의 상품이 밀려 들어와 토착 산업이 몰락하는 등 열강에 의한 경제 침탈은 더욱 심해졌습니다.

또 오스만 제국은 얼지 않는 항구를 찾아 남쪽으로 내려오는 러시아와 자주 충돌했습니다. 러시아와 전쟁이 잦아지자, 오스만 제국의 술탄은 헌법의 효력을 정지시키고 전제 정치를 강화했습니다.

학생과 청년, 장교, 지식인들은 청년 튀르크당을 만들어 술탄의 독재에 저항했습니다. 청년 튀르크당은 오스만 제국이 제1차 세계 대전에서 패한 뒤 무스타파 케말을 중심으로 한 터키 공화국을 수립하여 오스만 제국을 해체했습니다.

이란과 아랍의 근대화 운동

이슬람 사회도 오스만 제국의 세력이 약해진 틈을 타 오스만의 지배로부터 벗어나기 위한 독립을 시도했습니다. 이 무렵 압둘 와하브가 아라비아에서 와하브 왕국을 세웠습니다. 와하브는 유럽 문화를 배척하고 순수 이슬람교의 정신으로 돌아가자고 주장하던 사람입니다. 그는 세속적인 욕심을 버리고 이슬람 교리를 실천하면서 아랍 국가들이 단결해야 제국주의의 침략을 막을 수 있다고 생각했습니다. 이러한 와하브의 정신은 20세기에 일어난 아랍 민족주의의 바탕이 되었습니다.

이집트의 근대화와 수에즈 운하 건설

오랫동안 오스만 제국의 지배를 받아 온 이집트에서는 1805년에 이집트 총독이 된 오스만 제국의 무하마드 알리가 적극적으로 근대화를 추진했습니다. 그는 관개 시설을 정비하고, 면화를 재배해 농업 생산력을 높였으며, 서구식 군사 제도를 도입했습니다. 또 1830년에는 팔레스타인 지역으로 영토를 확장했습니다. 그래서 그가 통치하던 시기 이집트는 독립국이나 다름없는 지위를 누렸지만, 그가 죽은 뒤 점차 재정난에 빠지게 됩니다.

이집트는 재정난을 해소하기 위해 지중해에서 인도를 거쳐 동남아시아로 향하는 수에즈 운하 건설을 추진합니다. 수에즈 지협에 운하를 만들려는 계획은 16세기부터 이미 있었던 것입니다. 그러나 토목 기술과 자금이 부족해서 실현되지 못했습니다. 그러나 19세기 중반, 이집트 총독이었던 사이드 파샤가 프랑스의 레셉스에게 수에즈 운하 건설 특허권을 주었습니다. 그래서 10여 년의 공사 끝에 1869년, 마침내 수에즈 운하가 개통

수에즈 운하
수에즈 운하는 지중해와 홍해를 잇는 운하로, 1869년 11월 17일에 개통되었습니다. 이 운하는 지중해와 홍해 사이를 지날 때 육로 혹은 아프리카로 돌아서 갈 필요 없이 유럽과 아시아를 바닷길로 바로 연결해 줍니다.

되었습니다. 수에즈 운하는 길이가 192킬로미터에 통과하는 데만 15시간이 걸리는 세계에서 가장 긴 운하로, 유럽에서 아시아까지 가는 항로를 40퍼센트 이상 줄일 수 있게 되었습니다.

이집트는 수에즈 운하의 개통으로 많은 외화 수입을 올릴 수 있을 것이라고 생각했습니다. 그러나 경제적 능력이 없었던 이

이집트의 독립 운동가 아라비 파샤의 모습
그는 군인으로서 외국의 지배에 반대하는 반란군의 중심인물이었으며, 지금도 '이집트 독립의 아버지'라 불리고 있습니다.

집트 정부는 프랑스 등으로부터 막대한 빚을 얻어 공사를 진행했고, 운하가 완성되자 빚 대신 발행한 주식을 영국이 사들여 수에즈 운하의 경영권을 차지했습니다. 그래서 수에즈 운하에서 나오는 수입은 프랑스와 영국 등 외국이 몽땅 가져갔고, 영국은 운하의 경영을 핑계로 이집트의 정치까지 간섭하기 시작했습니다. 근대화를 위한 이집트의 노력이 오히려 영국의 지배를 불러들인 것입니다.

영국과 프랑스의 내정 간섭이 심해지자 이집트의 군인이자 민족주의 운동가인 아라비 파샤가 '이집트를 위한 이집트 건설'을 내걸고 외세 배격 운동을 벌였습니다. 이집트인들의 민족의식도 높아졌습니다.

영국은 군대를 동원해 이집트인들의 저항을 진압하고, 이집트를 보호국으로 만들어 버렸습니다. 이집트는 1922년이 되어서야 영국의 지배에서 벗어났습니다.

제1차 세계 대전

19세기 말 과학 기술의 발달과 산업 혁명으로 자본주의가 크게 발달하자, 유럽 열강들은 상품의 원료와 제품 시장을 확보하기 위해 약소국을 식민지로 삼았습니다. 그리고 더 많은 식민지를 확보하기 위해 군사력을 키웠습니다. 그러한 경쟁이 결국 제1차 세계 대전으로 이어졌습니다. 그 구체적인 배경을 살펴보면 슬라브 민족과 게르만 민족의 대립, 삼국 동맹과 삼국 협상의 대립, 3B 정책과 3C 정책의 충돌 등을 꼽을 수 있습니다.

오스만 제국의 세력이 약해진 뒤 발칸 반도에서는 슬라브 민족과 게르만 민족이 팽팽히 맞서게 됩니다. 슬라브 민족들이 오스만 제국으로부터 독립하려는 움직임을 보이자, 지중해 진출을 노리던 러시아는 이를 적극적으로 지원합니다. 같은 슬라브 민족끼리 단결하려는 이와 같은 움직임을 범슬라브주의라고 합니다.

그러나 발칸 반도에 강력한 슬라브 민족들의 국가가 생기는 것을 원하지 않았던 독일과 오스트리아는 힘을 합쳐 여기에 맞섭니다. 두 나라는 모두 게르만족 국가로, 그렇게 두 민족 사이의 대립은 시작되었습니다.

삼국 동맹은 독일, 오스트리아, 이탈리아, 세 나라가 맺은 동맹입니다. 프랑스를 물리치고 독일을 통일한 비스마르크가 프랑스를 고립시키기 위해 오스트리아와 이탈리아를 끌어들여 동맹을 맺은 것입니다. 프랑스와 영국, 러시아는 이에 맞서 삼국 협상을 맺었고, 그 결과 유럽 대륙은 삼국 동맹과 삼국 협상의 두 세력으로 나누어져 대립하게 됩니다.

영국은 이집트의 카이로와 남아프리카의 케이프타운, 인도

1913년, 삼국 동맹과 삼국 협상 국가의 영토
유럽 대륙은 '삼국 동맹'의 독일, 오스트리아, 이탈리아와 '삼국 협상'의 프랑스, 영국, 러시아로 나뉘어 대립하게 됩니다.

의 콜카타를 연결하는 식민 정책을 추진했습니다. 이 세 도시의 첫 글자를 따 이를 '3C 정책'이라고 합니다. 독일은 이에 맞서 독일의 베를린, 터키의 비잔티움, 이라크의 바그다드를 잇는 '3B 정책'을 추진했습니다.

독일의 3B 정책은 영국의 3C 정책보다 범위는 작지만 영국이 인도로 가는 가장 빠른 길을 차단하면서 러시아의 발칸 반도 진출까지 위협했습니다. 발칸 반도는 이처럼 제국주의 국가들의 이해관계가 뒤얽혀 있었기 때문에 작은 불씨만 있어도 폭발할 수 있는 화약고와 같았습니다.

사라예보 사건

1914년 6월, 세르비아의 비밀 단체에 속한 보스니아 청년이 오스트리아의 페르디난트 황태자 부부를 세르비아의 사라예보에서 암살합니다.

세르비아와 보스니아는 같은 슬라브족으로, 세르비아인들은 보스니아를 통합해 강한 슬라브족 국가를 만들려고 노력하고 있었습니다. 그런데 오스만 튀르크의 지배를 받던 두 나라 중 세르비아는 오스만 튀르크가 러시아와의 전쟁에서 패한 뒤에 독립했지만, 보스니아는 인접한 오스트리아에 다시 점령당

오스트리아 황태자 부부 암살 직후 검거 장면
18세의 보스니아 청년 가브릴로 프린치프는 오스트리아 황태자 부부를 권총으로 암살했습니다. 그리고 이 사건은 제1차 세계 대전의 시발점이 됩니다.

하고 말았습니다. 이에 반감을 품은 보스니아인 청년이 오스트리아 황태자 부부가 세르비아를 방문한 기회를 이용해 암살한 것입니다. 이 사건을 '사라예보 사건'이라고 합니다.

사라예보 사건은 발칸 반도라는 화약고에 튄 불똥이 되었습니다. 세르비아가 즉각 오스트리아에 사과했지만, 오스트리아는 이를 받아들이지 않고 세르비아에 선전 포고를 했습니다. 그러자 발칸 반도 진출을 노리던 러시아가 세르비아 지원에 나섰고, 오스트리아와 동맹을 맺고 있던 독일은 러시아에 선전 포고를 했습니다.

제1차 세계 대전은 그렇게 시작되었습니다. 전쟁이 시작되자 영국과 프랑스가 러시아를 도와 독일에 선전 포고를 했고, 일본도 영국 쪽에 가담했습니다. 이탈리아는 삼국 동맹을 탈퇴하고 중립을 선포했지만, 오스만 제국은 오스트리아와 독일 쪽에 붙었습니다.

전쟁은 이렇게 오스만과 독일, 오스트리아의 동맹국과 영국, 러시아, 프랑스, 일본 등으로 구성된 연합국 사이에서 시작됐지만, 전쟁이 끝날 무렵에는 세계의 거의 모든 국가들이 참전하는 세계 대전이 되었습니다.

강화 조약

강화란 싸우던 두 편이 싸움을 그치고 평화로운 상태가 되는 것을 뜻하며 평화 조약이라고도 합니다. 흔히 전쟁은 강화 조약을 체결하고 선언함으로써 종료됩니다. 강화 조약에서는 전쟁의 종료와 평화 회복을 선언함과 동시에 영토의 할양이나 배상금 지불과 같은 구체적인 실천 내용을 규정하게 됩니다.

전진하는 러시아 병사들
러시아는 유럽의 동부에서 독일과 오스트리아에 맞서 싸웠지만, 1917년 사회주의 혁명이 일어나자 전쟁을 그만두어야 했습니다.

장기전이 된 서부 전선, 동부 전선에서의 독일 승리

전쟁은 초기에는 동맹국 쪽에 유리하게 전개되었습니다. 독일은 중립국이던 벨기에를 점령하고 프랑스를 침공했습니다. 그러나 마른과 솜에서 영국의 지원을 받은 프랑스군이 영국에 반격을 가하면서 전쟁은 장기전으로 변했습니다. 밀고 밀리는 전쟁은 5년이나 계속되었고, 양측 모두 엄청난 희생자를 냈습니다.

동부 전선에서는 러시아가 독일, 오스트리아와 맞섰습니다. 초기에는 러시아가 우세했지만 차츰 전세가 역전되어 참패를

세계 최고의 부자가 된 미국

미국은 자기네 영토에서 전쟁을 하지 않았기 때문에 전쟁의 피해가 크지 않았습니다. 또 전쟁 물자를 연합국에 팔아 큰 이익을 얻었습니다. 그 결과 제1차 세계 대전이 끝난 뒤 미국은 세계에서 가장 많은 채권을 가진 부자 나라가 되었습니다. 세계의 모든 나라가 가진 금의 절반 가까이가 미국 소유였고, 세계 자동차의 80퍼센트, 세계 전화의 61퍼센트를 미국이 사용했습니다. 미국은 이와 같은 경제력을 바탕으로 국제 무대에서 중요한 역할을 하게 됩니다.

서부 전선 참호 속의 프랑스 병사
서부 전선은 제1차 세계 대전 중, 프랑스와 벨기에 전선이었습니다. 이로 인해 프랑스 동북부, 벨기에 전역은 폐허가 되었고 많은 사람이 학살되거나 다치거나 자살했습니다.

당했고, 1917년에는 러시아 내에서 사회주의 혁명이 일어났습니다. 그리고 러시아 혁명 정부가 독일과 단독 강화 조약을 맺으면서 러시아는 전쟁을 중지했습니다.

바다에서는 영국이 독일을 압도했습니다. 그러자 독일은 해상에 나타나는 선박을 무조건 잠수함으로 공격해서 격침하는 작전을 펼쳐 연합국의 군수 물자 수송을 방해하려 했습니다. 그러던 중 영국 여객선에 타고 있던 128명의 미국인이 잠수함의 공격을 받아 사망하는 사건이 일어납니다.

미국은 이 사건으로 전쟁에 참여하게 되었습니다. 200만 명이 넘는 미군 병력이 유럽에 파견되었고, 연합국에 엄청난 군수 물자도 지원했습니다.

미국의 참전으로 제1차 세계 대전의 상황은 바뀌었습니다. 먼저 오스만 제국이 항복을 했고 오스트리아도 항복했습니다. 끝까지 버티던 독일에서는 혁명이 일어나 빌헬름 2세가 물러나고 공화국이 선포되었습니다. 1918년 11월 11일, 끝까지 버티던 독일도 마침내 항복을 선언했습니다.

독일이 항복하자, 연합국의 대표들은 1919년 1월 프랑스 파리에 모여 평화 조약을 맺기 위한 절차를 밟았습니다. 그리고 그해 6월 28일, 독일은 '베르사유 조약'에 서명했습니다. 이 조약으로 만들어진 국제 사회의 질서를 '베르사유 체제'라고 합니다.

5년 동안 계속된 제1차 세계 대전은 군인

무명 용사의 묘
벨기에 이프르에 있는 무명 용사의 묘입니다. '모든 전쟁을 끝내기 위한 전쟁'이라 이름 붙은 제1차 세계 대전은 유럽에 천만 명이 넘는 사상자와 무수한 상처들을 남기고 끝나게 됩니다.

선거권을 가지게 된 여성들

제1차 세계 대전이 끝난 뒤 미국과 영국은 여성에게도 남성과 동등한 선거권을 부여했습니다. 전쟁 당시 남자들이 전쟁터로 나가자, 여자들은 남자가 하던 일을 도맡아야 했습니다. 그렇게 여자들은 경제적인 활동을 통해 남은 식구들을 먹여 살렸습니다. 그 결과 전쟁이 끝나자 여자들의 위상도 그만큼 높아졌고, 미국과 영국에서는 전쟁이 끝난 뒤에 여성들에게도 남성과 동등한 선거권을 부여했습니다.

1200만여 명과 수많은 민간인 희생자를 냈습니다. 전쟁 기간에 전투기, 탱크, 잠수함, 독가스 등 그동안 축적된 과학 기술을 총동원해 만든 많은 신무기들이 쏟아져 나왔습니다. 그랬기 때문에 예전 어느 전쟁보다 짧은 기간에 많은 희생자가 나온 것입니다.

베르사유 체제

1919년 1월, 연합국 대표들과 패전국인 독일의 대표가 파리의 베르사유 궁전에 모여 맺은 평화 조약이 베르사유 조약입니다. 이 조약으로 독일은 해외에 있던 모든 식민지를 잃고, 알자스와 로렌 지방도 프랑스에 돌려주었습니다. 또 육군 병력은 10만 명 이내, 함대 보유량은 10만 톤 이내, 의무병의 폐지, 공군과

민주적인 헌법을 만든 독일

1919년, 독일에서는 총선거를 통해 독일 연방 공화국이 탄생했습니다. 바이마르에서 헌법이 제정되었다고 해서 나라 이름을 '바이마르 공화국'이라고 합니다.

바이마르 헌법은 당시 세계에서 가장 민주적인 헌법이었습니다. 20세 이상 남녀는 평등하게 선거권을 가지고 대통령은 국민이 직접 선거로 선출하며 국민의 노동권과 노동자의 단결권, 단체 교섭권을 인정하는 등 혁신적인 내용을 담고 있는 헌법입니다. 그러나 심각한 경제난을 어떻게 해결할 것인가는 바이마르 공화국의 큰 숙제였습니다.

베르사유 조약 체결
프랑스 파리 베르사유 궁전 거울의 방에서 베르사유 조약이 체결되는 모습입니다. 이 조약의 결과로 베르사유 체제가 이루어지지만, 패전국에 대한 철저한 보복 내용은 결국 또 다른 전쟁의 씨앗이 되고야 맙니다.

잠수함의 보유 금지 등을 강요당했습니다. 그뿐만 아니라 330억 달러가 넘는 엄청난 전쟁 배상금까지 물어야 했습니다.

연합국은 다른 패전국들과도 개별적으로 강화 조약을 맺고 이권을 얻어 냈습니다. 그러나 베르사유 조약은 전쟁의 원인이 된 제국주의 정책을 반성하는 내용이 없었습니다. 반면, 패전국에 대해 철저하게 보복하는 내용은 담고 있었기 때문에 세계는 얼마 지나지 않아 다시 전쟁에 휘말리게 됩니다.

우드로 윌슨
민족 자결주의를 제창한 우드로 윌슨은 미국의 제28대 대통령입니다. 그는 "유럽의 문제에 관여하지 마라."는 조지 워싱턴의 고립주의를 버리고, 유럽의 문제에 본격적으로 관여하기 시작한 첫 번째 미국의 대통령입니다.

"우리의 운명은 우리가 결정한다." 윌슨의 민족 자결주의

미국의 우드로 윌슨 대통령은 1918년 의회 연설에서 제1차 세계 대전의 전후 처리와 평화 수립의 원칙으로 14개조 평화 원칙을 제시했습니다. 그중 가장 중요한 내용은 '민족 자결주의'와 '국제기구의 창설'입니다.

민족 자결주의는 식민지나 점령 지역의 피지배 민족에게 자유롭고, 공평하고, 동등하게 자신들의 정치적 미래를 결정할 수 있는 자결권을 인정해야 한다는 것입니다. 이것은 유럽 열강의 지배를 받고 있던 많은 식민지 사람들에게 큰 위안과 희망을 주었습니다. 그리고 이 원칙에 힘입어 폴란드, 체코슬로바키아,

유고슬라비아, 핀란드, 헝가리 등이 독립했습니다.

그러나 민족 자결의 원칙은 패전국의 식민지에만 적용이 되었습니다. 우리나라도 민족 자결주의 영향으로 1919년에 삼일 운동이 일어났으나, 당시 일본은 연합군에 속한 승전국이어서 독립을 이루지 못했습니다. 영국을 도왔던 인도 역시 독립을 쟁취하지 못했습니다.

윌슨의 국제기구 창설 제안에 따라 제네바에서 '국제 연맹'이 창설되었습니다. 국제 분쟁을 평화적으로 조정하기 위해 만들어진 세계 최초의 국제기구입니다. 국제 연맹은 제네바에 본부를 두고, 전쟁에 이긴 나라와 중립국, 자치령과 패전국 등 총 62개국이 참여했습니다. 그러나 미국과 소련 등의 강대국이 가입하지 않았고, 침략 행위를 저지할 만한 군사력도 없어서 국제 평화를 유지하기에는 한계가 있었습니다.

최초의 공산 국가를 탄생시킨 러시아 혁명

러시아는 유럽의 다른 나라들에 비해 산업화의 시작은 늦었지만, 정부의 적극적인 지원으로 빠르게 산업이 성장했습니다. 이에 따라 시민 계급이 성장하고 자유주의 사상도 퍼져 나갔습니다. 그뿐만 아니라 지식인과 노동자들 사이에 사회주의 사상이 번지면서 노동 운동도 활발하게 일어났습니다.

그러나 러시아의 황제, 즉 차르가 전제 정치를 계속하며 자유주의와 노동 운동을 탄압하자 국민들의 원성은 높아져 갔습

행진하는 러시아 노동자들
1917년 2월, 푸틸로프 기관차 공장의 노동자들이 행진하고 있습니다. 러시아는 2월 혁명을 통해 황제의 지배에서 벗어났지만, 러시아 국민들은 계속되는 전쟁에 대해 불만이 높았습니다.

니다. 게다가 제1차 세계 대전에 참전하여 계속해서 패배하고 물자마저 부족해지자 러시아는 큰 혼란에 빠집니다. 굶주림을 견디다 못한 사람들은 '빵과 평화', '토지와 자유' 등의 구호를 외치며 곳곳에서 폭동을 일으켰습니다.

1917년에 이르러 폭동은 더욱 잦아지고, 병사들조차 차르의 진압 명령을 거부한 채 시위대에 가담하는 사태가 벌어집니다. 결국 그해 2월, 노동자와 병사들이 결성한 소비에트가 중심이 되어 혁명이 일어났습니다. 이에 러시아 의회는 차르 니콜라이 2세를 폐위시켜 시베리아로 유배한 뒤 임시 정부를 수립했습니다. 임시 정부의 핵심 인사들은 황제에 반대하던 의회 의원들과

혁명을 이끄는 레닌
1917년 10월, 레닌이 이끄는 볼셰비키가 러시아 임시 정부를 비판하며 사회주의 혁명을 일으켰습니다. 이 혁명을 통해 러시아는 세계 역사상 최초의 사회주의 국가가 됩니다.

장군들로 구성되었습니다. 그러나 혁명 세력의 한 축이었던 사회주의자들은 철저하게 배제되었습니다.

임시 정부는 여러 가지 개혁을 추진했지만, 전쟁이 끝나기를 바라는 국민의 기대를 외면하고 독일과 전쟁을 계속했습니다. 그러자 임시 정부에 대한 국민들의 불만은 다시 높아졌습니다.

그해 10월, 블라디미르 레닌이 이끄는 볼

소비에트

소비에트는 러시아 제국의 노동자·농민·병사 들이 만든 민주적 자치 기구로, '평의회'를 뜻하는 말입니다. 1905년 10월, 러시아 제국의 수도 상트페테르부르크에서 노동자 대표 소비에트가 창설되었고 이후 러시아 제국 각지에서 자주적인 소비에트가 설립되었습니다. 이후 소비에트가 러시아의 정권을 잡게 되자 러시아 제국은 몰락하고, 1922년 소비에트 사회주의 공화국 연방이 탄생하였습니다.

셰비키는 임시 정부를 강력히 비판하며 혁명을 일으켰습니다. 볼셰비키는 러시아 말로 '다수파'라는 뜻인데, 흔히 레닌을 지지한 러시아 사회 민주 노동당 내의 급진파를 가리킵니다. 그들은 노동자와 농민, 병사의 대표 기관인 소비에트가 권력을 가져야 한다고 주장하며 무력으로 임시 정부를 무너뜨리고, 소비에트 사회주의 국가를 세웠습니다. 이를 '볼셰비키 혁명' 또는 '10월 혁명'이라고 합니다.

레닌은 볼셰비키를 러시아 공산당으로 이름을 바꾸고, 독일과의 전쟁을 중단했습니다. 또 토지와 산업을 국가 소유로 하고 수도를 모스크바로 옮겼으며, 주변국들을 흡수하여 1922년에 소비에트 사회주의 공화국 연방, 즉 소련을 수립했습니다.

소비에트 사회주의 공화국 연방은 모두 15개 공화국으로 구성되었으며, 자본주의 국가의 중심인 미국과 더불어 세계에 큰 영향력을 행사했습니다.

대공황과 전체주의

제1차 세계 대전으로 세계 경제는 크게 파괴되었지만, 기술 발달과 경영의 합리화로 1925년 무렵에는 대부분 회복되었습니다. 상품의 생산도 크게 늘었습니다. 그러나 노동자와 농민에게는 생산된 상품들을 살 돈이 없었고, 팔리지 못한 상품들은

1931년, 뉴욕 미합중국 은행으로 몰려든 성난 군중
1929년에 시작된 대공황 때문에 미합중국 은행이 파산하자 약 2,300개의 은행이 연속적으로 무너지게 됩니다.

창고에 쌓여 갔습니다.

　제1차 세계 대전 이후 세계 경제를 이끌며 번영을 누리던 미국도 그런 상황에서 자유로울 수는 없었습니다. 상품이 팔리지 않자 공장들은 문을 닫았고, 많은 사람들이 일자리를 잃었습니다. 주식 시세도 폭락했습니다. 경제에 대한 위기감이 확산되면서 기업과 은행들도 잇달아 무너졌습니다. 결국 실업자는 더욱

배급권을 기다리는 여성
1936년 3월, 캘리포니아 니포모에서 일곱 살 된 딸을 데리고 배급권을 기다리는 32세 여성의 모습입니다.

늘어나고, 물건은 팔리지 않는 악순환이 되풀이 되었습니다. 이런 혼란을 대공황이라고 합니다.

미국의 경제 공황은 삽시간에 전 세계에 있는 자본주의 국가로 확산되었습니다. 그동안 미국의 원조와 차관에 의존해 경제 건설을 추진하던 동유럽은 큰 혼란에 빠졌고, 미국에 농산품을 수출하던 중남미와 아시아의 경제도 무너지기 시작했습니다. 특히 유럽 여러 나라에 빌려 주었던 차관을 미국이 회수하기 시작하자 유럽의 은행들은 파산하지 않을 수 없었습니다.

프랭클린 루스벨트 미국 대통령은 경제 공황을 극복하기 위해 뉴딜 정책을 썼습니다. 뉴딜 정책이란 시장에 모든 것을 맡겨 두던 지금까지의 정책과 달리, 국가가 적극적으로 경제 문제에 개입하는 정책입니다. 국가가 주도해서 도로나 다리, 공항, 공원 등을 건설해 국민들에게 일자리를 만들어 주었습니다. 농업 조정법을 통해 농업 생산량을 조정하는 한편 과잉 생산된 농산물은 정부가 사들여 수요와 공급을 조절했습니다. 또 산업 부흥법을 통해 생산품에 대한 최저 가격을 정하고, 실업자 구제 계획을 적극적으로 추진했습니다. 사회적 약자인 노인과 장애인, 무능력자 등의 구제를 위해 사회 보장법을 만

뉴딜 정책의 상징인 후버 댐
대공황으로 망가진 미국 경제를 살리기 위해 루스벨트 대통령은 뉴딜 정책을 실시했고, 뉴딜 정책의 일환으로 후버 댐을 만들었습니다. 아치형의 이 댐을 만들기 위해서는 많은 일꾼들이 필요했고, 그 덕분에 수천 명의 일꾼들과 그의 가족들이 먹고살 수 있었습니다.

들어 연금을 지급하고 재정을 지원했습니다. 이와 같은 다양한 노력으로 미국은 차츰 대공황의 늪에서 빠져나올 수 있었습니다.

영국은 대공황으로 수출이 부진해지자 보호 무역 체제를 강화하고, 식민지를 하나로 묶어 블록 경제를 만들었습니다. 블록 경제란 블록 안에 있는 나라들끼리 교역하는 것이 블록 밖에 있는 나라들과 교역할 때보다 유리하도록 관세 등을 조절해서 블록 안 나라들끼리 교역을 활발하게 하기 위한 제도입니다.

한편 프랑스는 미국 다음으로 많은 금을 보유하고 있어서 다른 나라보다 대공황의 영향을 늦게 받았습니다. 하지만 경제 공황의 영향을 받기 시작하자 프랑스도 아시아와 아프리카의 식민지를 묶어 블록 경제 체제를 만들었습니다.

독일, 이탈리아, 일본도 경제 공황의 여파가 밀어닥쳐 무역량이 줄고, 실업자는 크게 늘어났습니다. 그러나 이 나라들은 식민지가 많지 않아 경제 블록을 만들지 못했기 때문에 더 큰 어려움을 겪었습니다. 그러다가 시장을 확보하기 위해 다른 나라를 침략하는 정책을 썼습니다. 나라의 모든 자원과 사람이 전쟁 준비를 위해 동원되고, 일당 독재 체제를 수립해 개인의 자유를 억압했습니다. 또 전쟁에서 승리하는 것이 곧 민족의 영광을 드높이는 것이라고 선전했습니다.

이들 나라들처럼 민족이나 국가의 이익을 위해 개인의 자유를 희생시키는 것을 전체주의라고 합니다.

히틀러와 무솔리니
파시즘은 국가와 인종, 민족이 이를 구성하는 개인이나 무리, 기구보다 우월하다고 주장하는 사상입니다. 무솔리니는 파시즘을 주장하며 이탈리아에서 독재 정치를 펴다가 결국 총살당했습니다.

이탈리아의 파시즘

이탈리아는 제1차 세계 대전 승전국이지만 식민지를 얻지도 못했고 아무런 경제적 이득을 얻지 못해 분위기는 패전국과 다름없었습니다. 그러자 식량 부족과 물가 폭등, 대규모 실업, 노동자의 공장 점거 같은 사회 불안이 계속되었습니다. 그때 무솔리니가 국민들의 민족주의 감정을 자극해 파시스트당을 결성하고, 자본가와 지주 및 군인들의 지지를 얻어 쿠데타를 일으켰습니다. 그리고 정권을 장악해 파시스트 독재 체제를 수립했습니다.

일본 군국주의의 상징인 욱일승천기
저 깃발은 현재 일본 해상 자위대의 공식 깃발로 사용되고 있습니다.

파시즘은 국가 위에는 아무것도 존재하지 않는다는 국가 지상주의를 추구하며 개인의 자유를 무시했습니다. 또 이탈리아는 강력하고 위대하기 때문에 다른 나라와 민족을 침략해서 지배할 수 있다는 생각 아래 팽창주의 정책을 썼습니다. 그래서 파시즘은 독일의 나치즘과 함께 전체주의를 뜻하는 말이 되었습니다.

일본의 군국주의

제1차 세계 대전의 승전국에 포함된 일본에서는 전쟁이 끝난 뒤 경제가 성장하면서 그와 함께 민주주의와 정당 정치가 발

중국을 침략한 일본군
중국 난징으로 들어가는 일본군의 모습입니다. 일본군은 중국 난징에서 30만 명이 넘는 중국 민간인들을 무참히 학살하고 유린했습니다.

전했습니다. 그러나 군부는 자유주의가 발전하는 것을 못마땅하게 생각했습니다. 그러던 중 경제 공황이 닥치자 대륙 침략을 통해 자유주의의 발전을 막고 국가 전체를 거대한 군대로 만들어 국민들을 통제하는 군국주의 정책을 쓰려고 했습니다. 일본의 군국주의자들은 국민 전체를 군인 정신으로 무장시키고, 어린 학생들에게도 천황에 대한 충성을 맹세하게 했습니다. 즉, 나라 전체를 군대로 만들려 한 것입니다. 그리고 그 힘을 대륙 침략에 이용했습니다. 일본 군부의 그와 같은 군국주의 침략 정책도 전체주의의 한 형태라고 할 수 있습니다.

독일의 나치즘

독일에서는 제1차 세계 대전 이후에 있었던 1932년 선거를 통해 히틀러가 창설한 나치스가 제1당이 되었습니다. 공황으로 인한 경제 불안과, 사회주의 확산을 걱정하던 자본가와 중산층이 '독일 민족의 영광을 되찾자.'고 외치는 히틀러의 선전에 열광한 것입니다.

권력을 잡은 히틀러는 1934년, 나치스 독재를 선포하고 스스로 총통이 되었습니다. 그리고 신성 로마 제

아돌프 히틀러
히틀러는 나치 독일의 총통으로 제2차 세계 대전을 일으킨 장본인입니다. 그러나 전쟁에서 패하자 자살하고 말았습니다.

나치스의 뉘른베르크 전당 대회
독일의 나치스는 민족주의, 반유대주의, 반공주의, 전체주의와 군국주의를 중점으로 정책을 내세웠습니다. 베르사유 체제에 강력히 반대한 이들은 독일 민중들에게 폭넓은 지지를 얻었습니다.

국과 비스마르크의 독일 제국에 이은 히틀러의 제3제국을 선언했습니다. 히틀러의 관심은 오직 독일을 세계 최강대국으로 만드는 것이었습니다. 그래서 히틀러는 나라의 모든 경제력을 가능한 한 군사력을 키우는 데 쏟았습니다.

그리고 히틀러는 순수 독일 민족인 게르만족이 세계적으로 우수한 민족이니만큼 게르만족보다 못한 다른 민족의 땅을 빼앗는 것이 정당하다고 주장했습니다. 그러면서 히틀러는 독일의 요구에 응하지 않으면 전쟁으로 정복하겠다고 주변 국가들을 위협했습니다.

히틀러와 나치스는 게르만 민족의 우수성을 내세워 수백만 명의 유대인을 학살하고 집시와 장애인, 사회주의자들도 죽였습니다. 독일의 나치즘은 인종주의를 추구한 악독한 전체주의였습니다.

제2차 세계 대전

독일에 나치스 정부, 이탈리아에 파시스트 정부, 일본에 군국주의 정부가 들어서면서 세계는 다시 전쟁의 소용돌이에 휘말리게 되었습니다. 제2차 세계 대전이 일어난 것입니다.

먼저 침략 전쟁을 시작한 나라는 일본입니다. 일본은 중국 대륙을 침략했고, 세계 여러 나라로부터 비난이 쏟아지자 국제 연맹에서 탈퇴했습니다. 독일도 국제 연맹을 탈퇴하고, 베르사유 조약에서 독일의 군비를 제한한 조항을 폐기한다고 선언했습니다.

에스파냐에서 프란시스코 프랑코가 쿠데타를 일으키자, 독일과 이탈리아는 에스파냐에 파시스트 정권이 수립되도록 도왔습니다. 이를 계기로 독일과 이탈리아는 조약을 맺었고, 공산주의 국가인 소련과 적대 관계에 있었던 일본도 독일과 방공 협정을 맺었습니다. 독일, 이탈리아, 일본, 이렇게 전체주의 세 나라가 손을 잡게 된 것입니다.

히틀러는 1938년 오스트리아를 강제로 합병하면서 노골적으로 팽창 정책을 시작했습니다. 영국과 프랑스는 독일이 사회

독소 불가침 조약에 서명 중인 소련 외무장관
독소 불가침 조약은 나치 독일과 소련이 서로 침략하지 않는 것을 목적으로 1939년에 맺은 조약입니다. 그러나 2년 뒤인 1941년, 나치 독일이 소련을 침공하면서 이 조약은 파기되었습니다.

유대인 대량 학살의 상징, 아우슈비츠 강제 수용소

히틀러는 독일을 포함한 유럽 곳곳에 집단 수용소를 만들고 나치즘에 반대하는 자유주의자, 공산주의자, 집시, 소련군, 동성애자, 유대인을 수용했습니다. 수용자들은 가혹한 노동과 영양실조, 질병 등에 시달리다가 죽어 갔습니다. 특히 폴란드의 아우슈비츠 수용소는 대량 학살의 상징과 같은 곳으로 1940년부터 1945년까지 400만 명이 가스실에서 학살되었고, 수용자들을 생체 실험에 이용하기도 했습니다.

주의 국가인 소련을 막아 줄 수 있다고 생각했기 때문에 이를 모른 척했습니다. 독일이 다시 체코슬로바키아의 수데텐 지방을 침략하자 영국과 프랑스는 히틀러와 뮌헨에서 회담을 갖고 이 침략을 인정했습니다.

더욱 자신감이 붙은 히틀러는 1939년, 소련과 서로 침략을 하지 않는다는 불가침 조약을 비밀리에 맺은 뒤 선전 포고도 없이 폴란드를 침공했습니다. 영국과 프랑스는 비로소 사태의 심각성을 깨닫고 독일에 선전 포고를 했습니다. 그러나 독일의 침략 전쟁을 막기에는 이미 늦은 때였습니다.

독일은 전쟁을 시작한 지 2주 만에 폴란드 서부를 점령했고, 1940년에는 덴마크와 노르웨이까지 점령했습니다. 이어서 중립국인 네덜란드와 벨기에, 프랑스까지 침공했습니다. 그리고 뒤늦게 참전한 이탈리아와 힘을 합해 파리를 점령했습니다.

유럽의 대부분을 장악한 히틀러는 1941년 초, 소련과 맺었던 불가침 조약을 깨고 소련을 기습 공격했습니다. 전쟁이 오래 계속될 것에 대비해 소련의 식량과 석유를 노

아우슈비츠 강제 수용소 입구
아우슈비츠 강제 수용소는 나치 독일이 유대인을 학살하기 위해 만든 곳으로 전쟁의 참혹함을 잘 보여 줍니다.

린 것입니다.

소련은 영국과 외국의 침략을 받았을 때에 서로 돕기로 하는 상호 원조 조약을 맺고 결사적으로 저항했습니다. 그래서 1942년, 5개월에 걸친 스탈린그라드 전투를 시작으로 대대적인 반격에 나섰습니다. 그 뒤 유럽의 전세는 차츰 역전되기 시작했습니다.

태평양 전쟁과 연합군의 노르망디 상륙 작전

일본의 중국 본토 침략은 강력한 저항에 부딪쳤습니다. 그러자 일본은 자원이 풍부한 동남아시아 쪽으로 방향을 돌려 인도

일본의 진주만 기습
일본의 진주만 기습으로 인해 가라앉는 캘리포니아호의 모습입니다. 일본의 기습으로 인해 미국도 제2차 세계 대전에 참전하게 됩니다.

차이나, 미얀마, 남태평양 등을 점령했습니다. 이 지역에 이해 관계를 가지고 있던 미국은 영국, 중국과 함께 일본 경제를 봉쇄했습니다. 일본은 이에 맞서기 위해 1941년 하와이의 진주만에 있던 미군을 기습 공격했고, 미국이 연합국의 일원으로 참전하면서 태평양 전쟁이 시작되었습니다.

미국의 참전으로 전세는 연합군에 크게 유리해졌습니다. 미국은 하와이 북서쪽에 있는 미드웨이에서 일본군을 격파하고 태평양 전쟁의 주도권을 잡았습니다. 또 아프리카 전선에서는 영국군이 독일의 전차 부대를 크게 격파했습니다.

영국과 미국 연합군은 튀니지로 진격해서 독일과 이탈리아군을 격파하고 이탈리아 본토에 상륙한 뒤 이듬해에 로마를 점령했습니다. 아이젠하워 장군이 이끄는 유럽 연합군은 1944년 유럽에서 노르망디 상륙 작전을 감행했습니다. 역사상 최대의 작전이라 불리는 이 작전의 성공으로 연합군은 독일에 점령당했던 파리를 해방시킬 수 있었습니다.

베를린 제국 의사당의 소련군
동부 전선에서 수많은 희생자를 냈던 소련군은 결국 1945년에 라인 강을 건너 나치즘의 심장부인 베를린을 점령했습니다.

1945년, 연합군은 라인 강을 건너 독일의 심장부를 향해 진격했습니다. 동부 전선에서도 소련군이 독일에 점령되었던 동유럽 국가들을 차례로 해방시키면서 진격했습니다.

연합군의 압박이 거세지자 북부 이탈리아에서 저항하던 독일군이 먼저 항복하고, 독일군이 보호하고 있던 이탈리아 파시즘의 우두머리 무솔리니는 체포되어 사살됐습니다. 연합군은 마침내 독일의 수도 베를린을 점령했고, 히틀러는 자살했습니다. 그리고 독일은 무조건 항복을 선언했습니다.

한편 태평양에서는 맥아더 장군이 지휘하는 미군이 필리핀 본토를 탈환한 뒤 일본의 오키나와에 상륙했습니다. 하지만 일본은 계속 버티며 전쟁을 이어 갔습니다. 미국은 최후의 수단으

히로시마(왼쪽)와 나가사키(오른쪽)에 떨어진 원자 폭탄
미국은 일본의 히로시마와 나가사키에 원자 폭탄을 떨어뜨렸습니다. 원자 폭탄이 떨어진 뒤 4개월 동안 히로시마에서는 16만 명, 나가사키에서는 8만 명에 이르는 사람들이 죽었습니다.

로 1945년 8월 6일, 신무기인 원자 폭탄을 히로시마에 떨어뜨렸습니다. 그것은 20세기 최대의 비극이었습니다. 원자탄이 터지는 순간 7만 8천여 명이 목숨을 잃었고, 도시의 모든 시설이 잿더미가 되었습니다.

1945년 8월 8일, 소련이 일본에 선전 포고를 하고 일본의 북쪽 섬들과 만주를 공격했습니다. 다음 날인 8월 9일, 미국은 나가사키에 다시 원자 폭탄을 떨어뜨렸습니다. 그리고 8월 15일 일본은 연합국에 무조건 항복했습니다.

5년 동안 계속됐던 제2차 세계 대전은 그렇게 끝났습니다. 전쟁으로 수많은 생명들이 희생되고 도시가 파괴되었지만, 유럽의

항복 문서에 서명하는 일본군
일본 육군 장군 우메즈 요시지로가 도쿄 만에 정박한 미군 함정 미주리호에서 항복 문서에 서명하는 사진입니다. 일본의 항복으로 제2차 세계 대전은 끝나게 되었습니다.

식민지로 고통을 받던 아시아와 아프리카의 많은 나라들이 독립했습니다. 영국의 식민지였던 인도, 프랑스의 지배를 받던 레바논과 시리아, 네덜란드의 식민지였던 인도네시아 등이 제2차 세계 대전 뒤에 탄생한 대표적인 독립국들입니다. 계속 식민 지배를 하려는 나라들도 있었지만 독립을 외치는 폭동이 일어나 어쩔 수 없이 식민 지배를 포기하는 나라들도 잇달았습니다.

조선의 독립을 약속한 카이로 선언

전세가 연합국에 유리하게 바뀌어 가던 1943년 11월, 이집트 카이로에서 미국의 루스벨트, 영국의 처칠, 중국의 장제스가 모여 전쟁이 끝난 뒤의 국제 질서에 대해 논의했습니다. 이 회담이 끝나고 카이로 선언이 발표됐는데, 여기에 '한국을 적절한 시기에 알맞은 절차에 따라 자유롭고 독립적인 국가로 만들 것을 결의한다.'는 내용이 포함되어 있습니다.

근대 사회 연표

2. 마르틴 루터, 95개조 반박문 발표

루터가 가톨릭의 잘못을 지적하며 발표한 95개조 반박문은 종교 개혁의 첫 시작이 됩니다.

1581년, 루터가 쓴 책과 루터의 초상화입니다.

4. 셰익스피어 탄생

셰익스피어의 작품은 영어로 된 작품 중 최고라는 찬사를 받으며, 그 역시 최고의 극작가로 손꼽히고 있습니다.

영국의 대문호, 윌리엄 셰익스피어의 초상화입니다.

6. 도요토미 히데요시, 일본 통일

도요토미 히데요시는 일본을 통일하고, 혼란스러운 민심을 잠재우기 위해 조선을 침략해 임진왜란을 일으켰습니다.

도요토미 히데요시의 초상화입니다.

1517년   **1564년**   **1592년**

1492년   **1536년**   **1588년**

1. 콜럼버스, 아메리카 대륙 발견

신대륙 아메리카를 발견함으로써 유럽의 중심은 지중해에서 대서양으로 옮겨 가게 됩니다.

바르셀로나 벨 항구에 있는 콜럼버스의 동상입니다.

3. 칼뱅, 종교 개혁

장 칼뱅의 초상화입니다.

칼뱅은 '오직 성서'를 주장하며 신앙의 진정한 권위는 성서에 있을 뿐, 교회에 있지 않음을 선언한 종교 개혁자입니다.

5. 영국, 에스파냐의 무적함대 격파

에스파냐의 무적함대로 알려져 있는 아르마다의 모습입니다.

영국은 칼레 해전과 그라블린 해전에서 에스파냐의 무적함대를 격파하고 해상권을 장악했습니다.

8. 독일, 30년 전쟁 발발

30년 전쟁은 신성 로마 제국이 있던 독일을 중심으로 로마 가톨릭교회와 개신교 사이에서 벌어진 종교 전쟁입니다.

10. 영국 의회, 국왕 찰스 1세에게 권리 청원 제출

베스트팔렌 조약에 각 나라의 대표들이 서명하는 모습입니다.

베스트팔렌 조약으로 30년 전쟁 종결, 신성 로마 제국 붕괴

베스트팔렌 조약은 최초의 근대적인 외교 회의를 통해 나온 것으로, 국가 주권 개념에 기반을 둔 새로운 질서를 중부 유럽에 세웠습니다.

1618년

1682년

1648년

1607년

1620년

1640년

7. 존 스미스, 미국 최초의 식민지 제임스타운 거주지 건설

제임스타운 거주지는 아메리카에서 성공한 첫 번째 영국 식민지입니다. 제임스 1세의 이름을 따서 제임스타운이라고 이름 지었습니다.

2000년 미국에서 발행한 버지니아 주 기념 25센트 주화로, 갓스피드호와 제임스타운 거주지 건설을 소재로 하고 있습니다.

메이플라워호를 타고 플리머스에 도착한 영국인들이 첫 추수 감사절을 보내는 그림입니다.

9. 메이플라워호, 미국 플리머스에 도착, 식민지 건설

플리머스는 메이플라워호가 도착한 곳으로 청교도가 이주한 매사추세츠의 첫 정착촌입니다. 현재는 '미국의 고향'으로 인기 있는 관광지가 되었습니다.

11. 영국, 청교도 혁명

청교도 혁명의 결과 찰스 1세는 처형되었고 찰스 2세는 추방되었으며, 의회파는 올리버 크롬웰을 호국경으로 선출하였습니다.

크롬웰이 군대를 이끌고 청교도 혁명을 지휘하는 모습을 그린 그림입니다.

통일 유럽의 판세를 바꾼 7년 전쟁

오스트리아의 마리아 테레지아가 프로이센에 빼앗긴 땅을 찾기 위해 벌인 전쟁으로, 유럽 전체가 휩싸였던 대규모 전쟁입니다.

14

1756년

보스턴 차 사건

보스턴 차 사건은 영국의 지나친 세금 징수에 반발해 일어난 사건입니다. 이 사건은 미국 독립 전쟁의 불씨를 일으킵니다.

16

1773년

파리 시민과 의용병이 8월 10일, 튈르리 궁전을 공격하는 모습을 담은 그림입니다.

프랑스 혁명

프랑스 혁명은 정치 권력이 소수의 왕족과 귀족에서 일반 시민으로 옮겨지는 획기적인 전환점이었습니다.

18

1789년

1688년

1769년

1776년

영국, 네덜란드 총독 윌리엄과 메리가 권리 장전을 승인한 명예혁명

영국의 권리 장전은 왕이 의회의 승인 없이 법의 정지·과세·군대의 징모 등을 하지 않을 것, 의회의 언론 자유 승인 등을 주 내용으로 하고 있습니다.

1801년, 영국 콜브룩데일 철광석 탄광의 모습입니다.

아크라이트, 방적기 발명 영국 산업 혁명

18세기 중엽부터 19세기까지 영국에서 시작된 산업 혁명은 후에 전 세계로 확산되어 세상을 크게 바꾸어 놓습니다.

7월 4일, 미국 독립 선언

미국 독립 선언은 영국의 식민지 상태에 있던 13개 주 대표가 모여서 독립을 선언한 사건을 말합니다.

17

1689년 권리 장전 문서입니다.

13

15

왼쪽부터 벤저민 프랭클린, 존 애덤스, 토머스 제퍼슨이 미국 독립 선언서를 작성하는 모습을 담은 그림입니다.

20
나폴레옹, 워털루 전투 패배
워털루 전투의 패배로 나폴레옹은 황제 자리에서 쫓겨나 세인트 헬레나 섬으로 유배되었습니다.

22
미국 남북 전쟁 시작
미국 남부의 주들이 노예제를 지지하며 미 합중국으로부터 분리를 선언하며 시작된 전쟁입니다.

1850년에 있었던 미주리 협정에서 정해진 선을 경계로 북쪽은 자유주, 남쪽은 노예주가 되었습니다.

- 노예 해방주
- 노예 허용주
- 미주리 타협선

메이지 천황은 일본의 황권을 강화시켜 일본 제국으로 발전할 수 있는 발판을 마련하였으며, 청일 전쟁과 러일 전쟁에서 연달아 승리한 뒤 1910년 대한 제국을 병합하였습니다.

24
일본 천황, 메이지 유신
메이지 정부는 유럽과 미국을 따라잡기 위해 개혁을 시도하며, 자본주의 육성과 군사적 강화를 위해 노력했습니다.

1815년 **1861년** **1868년**

1799년 **1848년** **1863년**

나폴레옹, 쿠데타로 정권 획득
코르시카 섬에서 태어난 나폴레옹은 유럽 전 지역을 정복하며, 유럽에 자유의 이념을 퍼뜨렸습니다.

19
나폴레옹이 알프스 산맥을 넘는 모습입니다. 그는 "내 사전에 불가능이란 단어는 없다."라고 했습니다.

1848년, 독일에서 나온 『공산당 선언』 초판의 표지입니다.

마르크스와 엥겔스, 『공산당 선언』 발표
엥겔스는 『공산당 선언』이 '전체 사회주의 문헌 가운데 가장 널리 유포되고 가장 국제적인 작품이며 시베리아에서 캘리포니아에 이르는 모든 나라의 수천만 노동자들에게 인정받는 공동 강령'이라고 평가했습니다.

21

미국 대통령 링컨, 노예 해방 선언
노예 해방 선언은 미국의 노예 해방에 관하여 에이브러햄 링컨 대통령이 발표한 선언입니다.

23
에이브러햄 링컨은 미국의 제16대 대통령으로 남북 전쟁에서 승리하여 미국 연방을 보존하였고, 노예제를 끝냈습니다.

독일을 통일한 비스마르크는 철혈 정책으로 나라를 강하게 만들었습니다.

레닌, 볼셰비키 혁명으로 소련 수립

10월 혁명은 블라디미르 레닌의 지도로 이루어졌으며, 마르크스의 사상에 기반을 둔 20세기 최초의 공산주의 혁명이었습니다.

블라디미르 레닌은 마르크스 이후 가장 위대한 혁명 사상가인 동시에 역사상 가장 뛰어난 혁명 지도자로 인정받는 사람입니다.

중국, 신해혁명

신해혁명은 청나라를 무너뜨리고 중화민국을 성립시킨 중국의 민주주의 혁명입니다.

비스마르크, 독일 통일

비스마르크는 프로이센-프랑스 전쟁에서 승리한 뒤, 베르사유 궁전에 있는 거울의 방에서 독일 통일과 함께 독일 제국을 선포했습니다.

1871년

1911년

1917년

1904년

1914년

일본 제국, 러일 전쟁 승리

여러 나라들의 예상을 깨고 일본 제국이 러일 전쟁에서 승리하면서, 일본 제국은 동아시아의 판도를 뒤바꾸게 됩니다.

오스트리아 황태자 부부 암살로 시작된 제1차 세계 대전

제1차 세계 대전은 전 세계가 참여한 전쟁으로 약 900만 명이 전사하였습니다.

러일 전쟁 당시 서울을 강제 점령한 일본군의 모습입니다.

전후 처리를 하여여 베르사유 궁전에 모여 평화 조약을 체결하는 연합국과 독일 대표자들의 모습입니다.

33
독일 폴란드 침공, 제2차 세계 대전 시작

동유럽에서 시작된 제2차 세계 대전의 불길은 전 세계로 번져 유럽, 아프리카, 아시아, 태평양 등 전 세계적인 전쟁이 되었고 사망자만 7천만 명에 이를 정도였습니다.

35
히로시마에 투하되었던 원자 폭탄 '리틀 보이'의 모습입니다.

31
마오쩌둥, 중국 공산당 창당

중국 공산당은 중국의 집권 정당으로, 일당 독재 체제로 국가를 통치하는 공산당 가운데 하나입니다.

일본의 무조건 항복 선언으로 제2차 세계 대전 종료

히로시마와 나가사키에 원자 폭탄이 떨어진 뒤 1945년 8월 15일 일본은 무조건 항복을 선언했으며, 9월 2일 항복 문서에 서명하면서 제2차 세계 대전은 공식적으로 끝나게 됩니다.

러시아 볼고그라드(옛 스탈린그라드)에 있는 스탈린그라드 전투 기념관입니다.

1921년   1939년   1945년

1919년   1929년   1944년

베르사유 조약 체결, 제1차 세계 대전 종료

베르사유 조약은 독일 제국과 연합국 사이에 맺어진 제1차 세계 대전의 평화 협정입니다. 조약은 국제 연맹의 탄생과 독일 제재를 규정하는 내용을 담고 있습니다.

30

미국 경제 대공황

대공황은 1929년 10월 24일, 뉴욕 주식 시장의 대폭락으로 시작해서 전 세계로 확대된 경제 공황입니다.

32

노르망디 상륙 작전 성공

노르망디 상륙 작전은 프랑스의 노르망디 반도로 미국과 영국을 주축으로 한 연합군이 벌인 상륙 작전입니다.

프랑스 노르망디 해안으로 상륙하는 연합군의 모습입니다.

34

세계가 하나로 이어지는
현대 사회

제2차 세계 대전 후 세계는 미국과 소련을 중심으로 서로 대립하는 냉전 체제에 돌입합니다. 하지만 그런 대립은 결국 전쟁의 불씨만 될 뿐 그 어떤 나라에도 이롭지 못했습니다. 결국 세계는 평화를 원하는 지도자를 중심으로 변해 갑니다. 서로의 삶의 방식이나 사상, 종교, 인종 등이 다르더라도 그것을 인정하고 평화와 협력의 시대를 열기 위해 노력한 것입니다. 많은 국가들이 독립을 이루었고, 평화를 이루기 위해 군사 대결을 지양했습니다. 서로 문화 교류를 확산해 나갔으며, 또 많은 나라들에서는 국민이 주인이 되는 국가를 만들기 위해 민주화 운동을 펼칩니다. 또한 첨단 기술의 발달과 무역의 발달은 국가 사이의 장벽을 무너뜨리고 세계는 하나라는 생각을 싹트게 합니다.

세계가 하나로 이어지는 현대 사회

군대를 가진 국제 연합

두 번의 세계 대전이 끝나고 1945년 10월에 국제 연합(UN)이 만들어졌습니다. 국제 연합의 목적은 나라와 나라 사이의 전쟁을 막고 친선과 협조를 실천하자는 것이었습니다. 이와 같은 목적을 위해 분쟁을 일으키는 나라를 제재할 수 있는 국제 연합군이 창설되었습니다. 제1차 세계 대전 후 국제 연맹이 만들어졌지만, 규약을 어기는 나라에 대한 제재 방법이 없어서 제2차 세계 대전이 일어났던 것을 반성한 결과입니다.

국제 연합에는 국제 평화와 안전 유지에 1차적인 책임을 지는 안전 보장 이사회라는 기구가 있습니다. 모든 가맹국이 참가하는 총회를 뛰어넘는 사실상의 최고 기구로 미국과 영국, 러시

국제 연합(UN)
미국 뉴욕에 있는 국제 연합 본부 건물입니다. 국제 연합의 설립 목적은 국제법, 국제적 안보 공조, 경제 개발 협력 증진, 인권 개선으로 세계 평화를 유지하는 데 있습니다.

아와 프랑스, 중국이 상임 이사국이고, 임기 2년의 10개국 비상임 이사국으로 구성되어 있습니다. 상임 이사국은 거부권을 행사할 수 있고, 한 나라라도 반대하면 어떤 문제에 대한 결정을 내릴 수 없습니다. 거부권은 강대국들을 국제 연합에 끌어들이

냉전의 상징, 베를린 장벽

제2차 세계 대전이 끝난 뒤 연합국은 독일을 동서로 나누어 통치했습니다. 또 수도 베를린을 네 구역으로 나눠 미국, 영국, 프랑스, 소련이 공동 관리했습니다. 냉전 시대가 시작되자 연합국들 사이에 갈등이 생겼습니다. 그래서 1949년, 미국과 소련은 자기들이 통치하던 지역에 각각 서독과 동독을 세움으로써 독일은 두 나라로 분단되었습니다.

그 뒤 소련 점령 지역인 동독의 경제 사정이 나빠지자 동독의 많은 사람들이 서독으로 탈출하기 시작했습니다. 이를 막기 위해 1961년 8월 13일 새벽, 동독이 동베를린과 서베를린 사이에 가시철조망을 설치했습니다. 여기에 곧 이중의 담이 만들어졌고, 그렇게 생겨난 베를린 장벽은 동서 냉전의 상징이 되었습니다.

베를린 장벽은 독일이 통일되던 1989년에 무너졌습니다.

기 위해 만들어진 것이지만, 국제 연합이 강대국의 입김에 휘둘리는 문제점을 낳기도 했습니다.

총소리 없는 전쟁, 냉전

제2차 세계 대전 후 세계는 미국을 대표로 하는 자본주의 세력과 소련을 대표로 하는 공산주의 세력으로 갈라졌습니다. 두 세력은 무력을 사용해 싸우지는 않았지만 경제, 외교, 정보 등 각 분야에서 날카롭게 대립했습니다. 이러한 상태를 '총성 없는 차가운 전쟁'이라는 뜻의 냉전이라고 합니다. 무력을 사용하는 전쟁인 '열전'에 대비되는 말입니다.

1946년, 그리스에서 사회주의와 자유주의 세력이 무력으로 대립하자 미국의 해리 트루먼 대통령은 자유주의 세력을 지원하겠다는 뜻을 분명히 했습니다. 이것을 '트루먼 독트린'이라고 하는데, 냉전 시대에 미국의 기본적인 외교 방침이 되었습니다. 소련을

냉전 지도
제2차 세계 대전 이후 세계는 자유 진영과 공산 진영으로 나뉘어 갈등하게 됩니다.

중심으로 한 공산주의 세력은 이에 맞서 1947년에 공산당의 정보 교환과 활동 조정을 위해 코민포름을 조직했습니다. 자본주의와 공산주의 사이에 냉전이 본격적으로 시작된 것입니다.

평화 공존의 기운, 데탕트

좀처럼 풀릴 것 같지 않던 냉전 체제에 변화가 생기기 시작했습니다. 소련과 미국의 지도자들이 서로의 체제를 인정하고, 소모적인 군비 경쟁을 그만두자고 한 것입니다. 그 결과 체제가 다르다는 이유로 문을 닫아걸었던 나라들이 교류를 시작했고, 냉전 체제 또한 서서히 무너졌습니다. 1960년대 말 시작되

리처드 닉슨(왼쪽)과 니키타 흐루쇼프(오른쪽)
소련의 지도자였던 흐루쇼프가 1959년 미국을 방문했을 때 미국의 지도자였던 닉슨과 찍은 사진입니다. 냉전의 양 세력을 대표했던 두 나라의 지도자는 이후 세계 평화를 위해 함께 노력했습니다.

어 1970년대에 절정을 이룬 평화 공존의 움직임을 '데탕트'라고 합니다. 데탕트는 프랑스 말로 휴식 또는 완화라는 뜻입니다.

세계 지도자들 중 평화 공존의 가능성에 대해서 맨 먼저 이야기한 사람은 소련 공산당 서기장 흐루쇼프입니다. 그는 공산주의와 자본주가 평화롭게 공존할 수 있다고 말하며 새로운 외교 정책을 펼쳤습니다. 그리고 1959년, 소련 지도자로서는 처음으로 미국을 방문했습니다.

한편 미국의 대통령 닉슨은 '미국은 아시아 국가들 사이에서 벌어지는 내란이나 침략에 대해 군사적 개입을 하지 않겠다.'는 선언을 했습니다. 이는 미국이 국제적 분쟁에 가능한 한 직접 끼어들지 않으며, 공산주의 국가에 대해서도 융통성 있게 대처하겠다는 선언이었습니다. 미국의 이러한 새 외교 정책을 '닉슨 독트린'이라고 합니다.

닉슨 독트린으로 인해 자본주의 세력과 공산주의 세력 사이에 평화 공존 분위기가 무르익었고, 미국은 베트남에서 미군을 철수시켰으며, 중국의 국제 연합 가입도 승인했습니다. 1971년 초에는 닉슨 대통령이 중국을 방문해서 세계적인 관심을 모으기도 했습니다. 그뿐만 아니라 미국과 소련 사이에 핵무기를 비롯한 '전략 무기 제한 협의'가 어느 때보다 활발하게 이뤄지는 등 세계 평화를 위한 노력이 두드러지게 나타났습니다.

미국이 빠진 늪, 베트남 전쟁

미국이 베트남의 공산화를 막기 위해 베트남 내전에 개입한 것이 베트남 전쟁입니다. 베트남 내전은 공산주의자들인 베트남 민주 공화국(북베트남)과 남베트남 민족 해방 전선(베트콩)이 베트남 공화국(남베트남)과 싸운 전쟁이었습니다.

미국은 1959년부터 베트남 내전에 개입하기 시작했고, 1964년 통킹 만 사건을 구실로 미국이 북베트남을 폭격하면서 전쟁

미국의 수도인 워싱턴에 있는 베트남 전쟁 참전 용사 기념상
미국은 베트남 전쟁에서 패배했고, 북베트남이 승리했습니다.

이 본격적으로 확대되었습니다. 통킹 만 사건은 미국의 함대가 북베트남의 공격을 받은 사건입니다. 그 뒤 한국을 비롯한 미국의 동맹국들은 남베트남을, 이에 맞서 공산주의 국가인 중국과 북한이 북베트남을 지원하면서 국제적인 전쟁이 되었습니다. 베트남 전쟁은 한국 전쟁과 함께 냉전 기간에 벌어진 대표적인 전쟁입니다.

　1975년까지 계속된 이 전쟁에 미국은 약 2천억 달러의 엄청난 비용을 쏟아부었습니다. 그러나 미국 내의 고조된 반전 분위기와 세계 여론의 악화로 미국은 발을 뺄 수밖에 없었고, 전쟁은 북베트남의 승리로 끝났습니다. 그 뒤 이웃한 캄보디아와 라오스도 공산주의 국가가 되었습니다.

오랜 전쟁으로 베트남에서는 수많은 사람들이 죽거나 부상을 당하고 집을 잃었습니다. 또 도시와 농촌 모두 폭격으로 인해 심하게 파괴되었고, 전쟁 중 살포했던 고엽제 때문에 황폐해졌습니다.

비동맹 중립주의를 내세운 제3세계

제2차 세계 대전이 끝난 뒤 아시아와 아프리카, 라틴 아메리카에서는 80여 나라가 독립했습니다. 이들은 정치, 사회, 문화적 특징이 서로 달랐지만, 오랫동안 제국주의 국가들의 식민 지배를 받았다는 공통점을 가지고 있습니다.

그러한 공통점을 바탕으로 이 나라들은 식민지 지배에 반대하고, 서로 단결하여 평화를 유지하려는 비동맹 중립주의를 내세웠습니다. 미국을 중심으로 하는 제1세계(자본주의 세력)와 소련을 중심으로 하는 제2세계(사회주의 세력), 그리고 어느 쪽에도 속하지 않는 이들을 '제3세계'라고 합니다.

제3세계 국가들은 미국과 소련 등 강대국들이 자기들 마음대로 국제 연합을 끌고 가는 것에 반대했습니다. 그래서 국제 연합 총회에서 큰 세력을 형성해 영향력을 행사했습니다. 국제

제3세계
1960년대, 미국과 소련 중심의 세계 질서에서 벗어나 서로 단결하여 평화를 지키려는 국가들의 모임을 제3세계 국가라고 합니다.

연합에 가입하는 제3세계 국가들이 점점 늘어나면서 미국과 소련 같은 강대국들도 이들의 주장을 무시할 수 없게 되었습니다.

 소련의 해체와 동유럽의 민주화 운동

1980년대 이후 소련은 경제 성장률이 급격하게 낮아지기 시작했습니다. 공업 총생산은 절반 이하로 줄었고, 물가는 몇십 배나 올라 국민들의 생활이 크게 어려워졌습니다.

1985년에 집권한 미하일 고르바초프는 개방과 개혁을 내세우며 정치의 민주화와 시장 경제 도입을 선언했습니다. 이에 따라 국가의 보조금과 정부의 명령에 따르던 기업 및 공장들은 스스로 생산과 이윤을 관리하게 되었고, 원한다면 개인도 경영을 할 수 있게 되었습니다. 언론과 표현의 자유를 보장하는 민주주의가 시도되었고, 미국과 유럽의 자본주의 국가들과 우호 관계도 강화했습니다.

고르바초프의 이런 개혁 개방 정책은 소련을 구성하고 있던 여러 공화국들에 영향을 미쳤습니다. 그들이 분리 독립 움직임을 보이기 시작한 것입니다. 고르바초프는 소련의 연방 체제를

레이건(왼쪽)과 고르바초프(오른쪽)
1987년, 소련 공산당의 수장인 고르바초프와 미국 대통령인 로널드 레이건이 만났습니다. 고르바초프는 냉전을 종식시킨 공로로 1990년 노벨 평화상을 수상하였습니다.

세계가 하나로 이어지는 현대 사회

유지하기 위해 애썼지만, 1991년 러시아를 중심으로 11개 공화국이 연방에서 탈퇴했습니다. 그들은 독립 국가 연합을 결성하고, 러시아 공화국의 보리스 옐친 대통령이 실질적인 지도자가 되었습니다. 인류 최초의 사회주의 국가였던 소련은 그렇게 역사 속으로 사라졌습니다.

오랫동안 소련의 그늘 아래 있던 동유럽 여러 나라에서도 민주화의 바람이 거세게 일어났습니다. 민중들은 곳곳에서 자유를 외쳤습니다.

폴란드에서는 1989년에 동유럽 최초로 자유선거가 실시되어 비공산당 정권이 수립되었습니다. 헝가리에서도 민주화 운동이 일어나 1990년 자유 총선거를 통한 의회 민주주의가 실시되었습니다. 불가리아, 루마니아, 알바니아에서도 공산주의 체제가 무너졌습니다.

동독은 서독으로 탈출하는 주민이 늘어나고, 민주화 요구가 잇따르자 1989년에 베를린 장벽을 개방했습니다. 그리고 다음 해 자유 총선거를 실시해 서독과 통합하기로 결정했습니다. 동독이 서독에 흡수되면서 분단됐던 독일이 통일된 것입니다.

1960년대부터 일찍이 민주화의 열망을 분출했던 체코슬로바키아는 공산 통치가 계속되다가 하벨이 이끄는 '시민 광장'이 중심이 되어 민주화 운동을 전개했습니다. 1989년에 치러진 선거에서 시민 광장이 최대 의석을 확보하면서 체코슬로바키아에서도 마침내 공산 통치가 막을 내렸습니다.

공산권에서 독자 노선을 걸었던 유고슬라비아 연방에서도 1980년에 지도자인 요시프 티토가 사망하면서 민족주의 운동이 크게 일어났습니다. 그 결과 1991년에 크로아티아, 슬로베니아, 보스니아 헤르체고비나, 마케도니아가 각각 독립했고, 남은 세르비아와 몬테네그로는 신유고슬라비아 연방을 결성했습니다.

독일 통일의 상징이 된 브란덴부르크 문
브란덴부르크 문은 독일 분단 시절 동독과 서독의 경계였습니다. 그러나 독일이 통일되면서 독일의 상징이 되었고, 누구나 이 문을 자유롭게 드나들 수 있게 되었습니다.

 중국의 개혁과 개방

마오쩌둥이 사망한 뒤 정권을 잡은 덩샤오핑은 적극적으로 개혁 개방 정책을 추진했습니다. 그는 자주 이렇게 말했습니다.

"검은 고양이든 흰 고양이든 쥐를 잘 잡는 것이 좋은 고양이다."

이 말은 자본주의든 공산주의든 중국인을 잘살게 하면 그것이 제일이라는 의미였습니다. 또 그는 이런 말도 했습니다.

"부유할 수 있는 사람부터 먼저 부유해져라."

'선부론'이라고 불리는 이 말은, 모든 사람이 똑같이 부를 나눈다는 공산주의에 집착할 필요는 없다는 뜻입니다. 이에 따라 무서운 속도로 경제 발전이 이루어졌지만, 빈부 격차가 새로운 사회 문제로 등장했습니다.

중국은 우선 농업, 경제, 국방, 과학 기술의 '4개 현대화'를 정책 목표로 삼았습니다. 또 자본주의적 시장 경제 도입을 위해 동남부 해안 지역에 경제 특구와 경제 개방구를 설치하고 선진국으로부터 대규모의 자본과 기술을 도입해 현대화를 추진해 나갔습니다.

1997년에는 자본주의 경제의 중심인 홍콩을 영국으로부터 돌려받았습니다. 그리고 전국에 철로와 고속 도로를 크게 증설해 산업에 활력을 불어넣었습니다. 2001년 11월에는 세계 무역 기구인 WTO에 가입하여 완전한 개방 경제를 향해 나갔습니다.

1975년, 미국 대통령 제럴드 포드와 정상 회담 중인 중국 주석 덩샤오핑의 모습
덩샤오핑은 실용주의 노선을 추진하고, 사회주의 체제를 유지하는 정책을 통해 중국식 사회주의의 창시자가 되었습니다.

중국의 개혁과 개방은 '사회주의 체제와 자본주의 경제의 결합'을 시도한 것으로 전 세계의 주목을 받았으며, 중국 경제는 지금도 놀라운 속도로 발전하고 있습니다.

세계화와 블록 경제

오늘날 세계 경제는 국가 단위의 '국민 경제'에서 지구를 단위로 하는 '세계 경제'로 바뀌고 있습니다. 그 흐름을 주도하고

상하이의 야경
첨단 도시로 발전하는 상하이의 모습입니다. 중국은 개혁과 개방을 통해 세계 제1의 강대국으로 성장하고 있습니다.

있는 나라는 미국입니다. 미국은 제2차 세계 대전 후 자기 나라 기업이 세계 어디에서나 어려움 없이 기업 활동을 할 수 있도록 자유 무역 체제로 세계 경제 질서를 만들려 했습니다. 그래서 국제 부흥 개발 은행(IBRD)과 국제 통화 기금(IMF)을 창설하여 후진국과 외환 부족 국가에 금융을 지원했습니다.

1947년에는 각 나라가 수입하는 물품에 매기는 세금인 관세

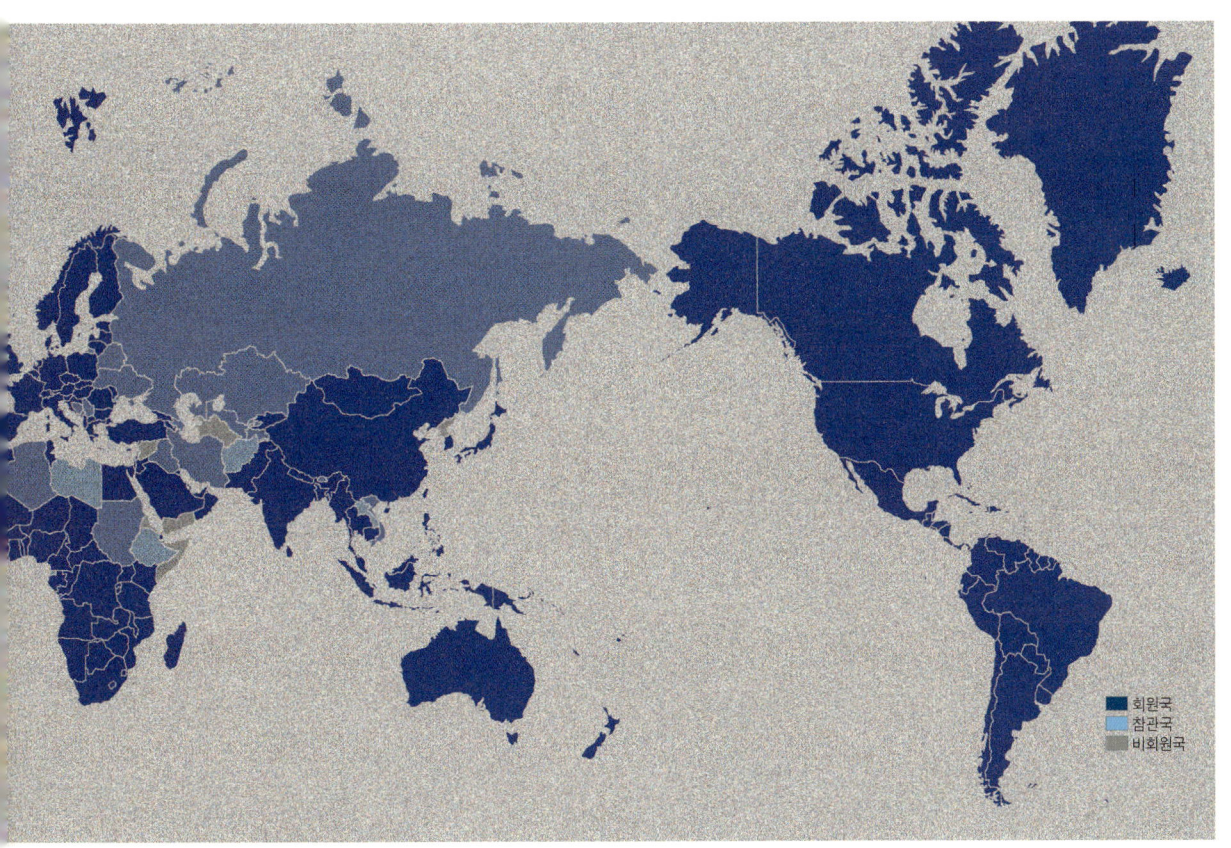

세계 무역 기구 회원국 지도
세계 무역 기구는 회원국들 간의 무역 관계를 위해 여러 협정을 관리하고 감독하는 기구입니다. 세계 무역 장벽을 감소시키거나 없애기 위해 만들어졌지만, 세계화로 인한 반발 또한 거세게 일어나고 있습니다.

율을 낮춰 국제 무역을 더 활발히 할 수 있도록 '관세 및 무역에 관한 일반 협정(GATT)'을 출범시켰습니다. 그리고 1995년에는 다시 세계 무역 기구(WTO)를 만들었습니다. 이러한 조치들로 자유 무역 체제는 더욱 강화되어 세계 경제는 국경을 넘어 하나의 경제로 통합되고 있습니다.

자유 무역 체제에서 세계 여러 나라들은 자기네 나라의 경제 발전에 힘썼습니다. 하지만 상황이 바뀌어 선진국은 물론 후진국들도 한 나라가 홀로 경제 발전을 이룩해 나가기는 어려운 일이 되었습니다. 그래서 이웃한 나라들끼리 자유 무역을 할 수 있도록 협정을 맺고 경제를 통합하려는 움직임이 생겼습니다. 이를 '블록 경제'라고 합니다.

1993년에는 유럽 연합(EU)이 탄생했고, 미국과 캐나다와 멕시코, 이 세 나라는 북미 자유 무역 협정(NAFTA)을 체결했습니다. 또 1994년에는 남북 아메리카를 하나의 경제권으로 묶는 아메리카 자유 무역 지역(FTAA)이 창설되었습니다. 아시아에서는 동남아시아의 여러 나라가 아세안(ASEAN)을 결성했고, 1989년에는 여기에 태평양 연안의 국가들이 참가하여 아시아 태평양경제 협력체(APEC)가 창설되었습니다.

유럽 연합(EU)

1993년에 탄생한 유럽 연합은 경제 블록에서 한 걸음 더 나가 정치적인 통합을 목표로 하고 있습니다. 유럽 연합의 기원은 1946년, 영국 수상 윈스턴 처칠이 스위스의 취리히에서 했던 유럽에 관한 연설로부터 시작합니다. 이 유명한 연설에서 윈스턴 처칠은 유럽에 국제 연합과 유사한 기구를 만들어야 할 필요성을 강조했습니다.

유럽 연합(EU) 회원국
유럽 연합은 유럽의 27개 회원국으로 이뤄진 연합입니다. 총 인구는 약 5억 명 정도 되며 전 세계 GDP의 30퍼센트 정도를 차지하고 있습니다. 2012년에 노벨 평화상을 수상하였습니다.

 이후 1950년, 프랑스 외무장관 쉬망의 제안으로 '유럽 석탄 철강 공동체'가 구성되었고, 이를 바탕으로 유럽 공동 시장인 '유럽 경제 공동체(EEC)'가 창설되었으며, 이것이 다시 '유럽 공동체(EC)'로 발전했습니다. 이처럼 경제적 통합에 성공하자 유럽은 정치적인 통합을 논의하게 되었습니다.

 유럽 공동체의 12개국의 수장들이 1991년 네덜란드의 마스트리흐트에 모였습니다. 유럽은 하나의 공동체라는 같은 생각

유로화

2002년 1월 1일, 유로 지폐와 유로 동전이 유럽 통화 동맹 12개국에서 통용되기 시작했습니다. 예전에는 유럽 안의 나라들을 여행할 때, 나라마다 사용하는 화폐가 달라 돈을 바꿔 사용해야 했으나, 유로화를 사용하면서 그럴 필요가 없어졌습니다. 환전에 따른 수수료 부담도 없어지고, 환율 변화에 따른 위험 부담도 사라졌습니다. 또한 거래 비용이 줄면서 유럽 연합 국가끼리 거래도 활발해지고, 세계의 여유 자본을 유럽 쪽으로 끌어올 수도 있게 되었습니다.
유로화 통합 화폐를 사용하는 유럽 연합 국가는 벨기에, 독일, 핀란드, 프랑스, 아일랜드, 그리스, 이탈리아, 룩셈부르크, 네덜란드, 오스트리아, 포르투갈, 에스파냐입니다.

에 동의한 이들은 유럽 중앙은행 설립, 통화의 단일화, 공동 외교와 공동 방위 체제 구축 등에 합의하고 유럽 연합(EU)을 탄생시켰습니다. 그 뒤 오스트리아, 핀란드, 스웨덴이 가입해 유럽 연합의 회원국은 15개국이 되었으며, 1999년부터 단일 통화로 유로화를 사용하기 시작했습니다. 또 유럽 의회를 구성해 정치와 경제 분야에서 모두 통합의 길을 걷기 시작했으며, 2004년에 10개국이 새롭게 가입해서 유럽은 '유럽 연합'이라는 하나의 공동체가 되었습니다.

현대 과학의 발달과 인류의 과제

스푸트니크
스푸트니크 인공위성은 지름 58cm, 무게 83.6kg의 알루미늄 재질로 된 구이며 거기에 네 개의 안테나가 한 방향으로 붙어 있습니다. 스푸트니크의 성공적인 발사로 인류는 우주 탐사 시대를 맞이하게 됩니다.

20세기에 현대 과학은 비약적으로 발달하였습니다. 1957년, 소련은 세계 최초로 스푸트니크라는 인공위성을 쏘아 올렸습니다. 그리고 1961년, 소련의 우주 비행사가 보스토크 우주선에 탑승하여 최초의 우주인이 되었습니다.

1962년에는 미국이 인공위성 텔스타 1호를 쏘아 올렸습니다. 1969년에는 우주 비행사 닐 암스트롱이 아폴로 11호를 타고 달에 착륙하는 데 성공했습니다. 인류 역사상 처음으로 사람이 달에 간 것입니다. 달 표면에 첫발을 내디딘 닐 암스트롱은 이런 메시지를 지구에 전했습니다.

"이것은 한 인간의 작은 발걸음이겠지만, 전 인류를 위한 하나의 위대한 도약이다."

이 일은 단순한 미국 우주 탐사 사업의 성공을 뛰어넘어 전 세계 사람들에게 과학의 놀라운 발전을 깨닫게 해 준 커다란 사건이었습니다.

그 뒤 인간의 우주 진출은 더욱 활발해져 우주 정거장 건설, 우주 왕복선, 화성 탐사선 등 공상 과학 소설에나 나오던 일들

달 표면에 서 있는 버즈 올드린
아폴로 11호를 타고 달에 착륙한 암스트롱이 올드린을 촬영한 사진입니다. 올드린의 헬멧에 비친 사람이 사진을 찍어 준 닐 암스트롱입니다.

이 현실에서 이루어지고 있습니다. 또 최근에는 통신, 기후, 연구용 위성이 발사되어 우주 산업이 크게 각광받고 있습니다. 우리나라도 2008년 4월에 첫 우주 탐험을 성공적으로 마쳤습니다.

한편 생물학과 의학 분야에서는 미국의 생화학자 웬들 스탠리가 바이러스의 존재를 밝혀내 사람들이 병드는 이유를 알게 되었습니다. 또한 영국의 프랜시스 크릭과 미국의 제임스 왓슨에 의해 모든 생명체의 유전 정보가 담겨 있는 DNA 구조도 밝혀냈습니다. 그 결과 유전적인 질병의 원인을 밝혀내고 치료할 수 있는 길이 열리기 시작했습니다. 영국의 알렉산더 플레밍은 페니실린이라는 항생제를 발견해 그동안 치명적인 것으로 알려졌던 많은 질병을 치료하는 데 기여했습니다.

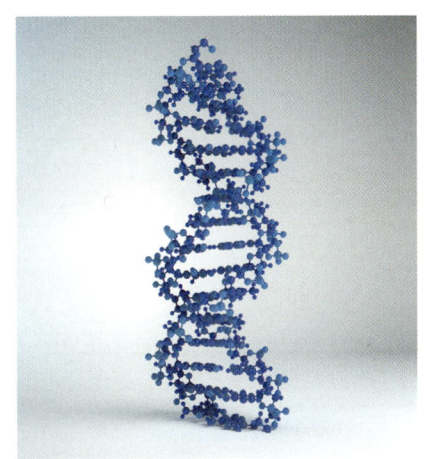

DNA 모형
우리 몸의 세포에 있는 DNA는 이중 나선 구조를 이루고 있으며, 주된 기능은 장기간에 걸친 정보 저장입니다.

1996년, 영국의 이언 윌멋과 키스 캠벨은 6년생 양의 체세포에서 유전자를 채취한 뒤 그것을 핵이 제거된 암컷 양의 난자와 결합시켜 대리모의 자궁에 이식했습니다. 이렇게 해서 태어난 것이 복제양 돌리로, 이것은 세계 최초로 포유동물을 복제하는 데 성공한 사건입니다. 이와 같은 복제 기술은 동물의 복제를 이용해 인간의 질병을 치료할 수 있는 가능성을 열었다는 점에서 세계적인 주목을 받았습니다. 하지만 이러한 유전 공학 기술

에니악
에니악은 1943년 미국 펜실베이니아 대학의 J.W. 모클리와 P. 에커트가 만든 전자 컴퓨터입니다. 폭 24미터에 무게만 약 30톤에 이르는 이 컴퓨터는 지금 우리가 쉽게 구해 쓸 수 있는 작은 전자 계산기보다 성능이 떨어졌습니다.

은 자연적인 진화 과정을 인위적으로 바꾸어 놓는 것이기 때문에, 이것이 자연 생태계에 위험을 초래할 수 있다는 우려와 주장도 나오고 있습니다.

지금 현대인의 생활을 가장 혁명적으로 바꾼 것은 바로 컴퓨터입니다. 컴퓨터가 산업, 의학, 우주 개발, 통신 등 사회 전 분야에 널리 이용되면서 일상생활은 보다 편해졌습니다. 특히 1990년대 이후 인터넷 사용이 급증하면서 인류는 정보화 사회

인터넷으로 연결된 세계
인터넷은 전 세계의 컴퓨터가 서로 연결되어 정보를 주고받는 컴퓨터 네트워크입니다. 컴퓨터를 인터넷에 연결하면 국가와 지역의 한계를 뛰어넘어 누구나 정보를 주고받을 수 있습니다.

라는 새로운 세상을 맞게 되었습니다. 개인용 컴퓨터가 집집마다 보급되면서 인류는 인터넷으로 세계를 연결하게 되었고, 국가와 지역을 넘어 엄청난 양의 정보를 검색할 수 있게 되었습니다. 인터넷에서는 누구나 자신이 가진 정보를 다른 사람과 공유할 수 있고 잘못된 정보에 대한 의견도 자유롭게 표현할 수 있기 때문에 이는 대중의 의식이 한층 높아지는 데 기여하게 됩니다.

이처럼 현대에 이르러서는 과학 기술의 발전과 무역의 발달, 민주주의 제도의 발전 등으로 많은 나라들이 점차 잘살게 되었습니다. 나라마다 사회 복지 제도가 마련되었고, 여성과 유색 인종의 권리도 향상되었으며, 대중이 역사의 주인이라는 생각도 보편화되었습니다.

그러나 인류는 여전히 많은 문제를 안고 있습니다. 사람들은 핵전쟁의 공포에서 완전히 자유롭지 못하고, 지역·민족·종족·종교의 갈등으로 인한 전쟁은 세계 곳곳에서 끊임없이 벌어지며 세계 평화를 위협하고 있습니다. 또 무분별한 개발과 과잉 소비로 지구 자원은 바닥이 나고, 공기와 물도 점점 오염되고 있으며, 각종 폐기물과 쓰레기로 생활 환경은 점점 더 나빠지고 있습니다. 열대림의 축소와 지구 온난화 및 사막화, 산성비의 증가, 오존층의 파괴 등 지구 환경의 변화도 인류의 생존을 위협하는 중요한 문제들입니다. 또 나라 사이의 빈부의 격차도 심해 많은 아이들이 아직 굶주림에서 자유롭지 못하고, 아파도 치료를 받지 못하고 있습니다. 거기에 과학의 발전에 따른 인간 소외와 인간성 상실도 인류가 떠안고 있는 과제입니다.

원자력의 두 얼굴

원자력이란 플루토늄과 우라늄 등 방사성 원소의 원자핵을 분열시켜서 얻는 에너지를 말합니다. 원자력으로 전기를 생산하기 시작한 것은 1950년대부터였으며 1970년대 이후 원자력 이용은 꾸준히 증가했습니다. 그리하여 오늘날 전 세계 전력 생산의 20퍼센트 정도는 원자력 발전이 담당하고 있습니다.

원자력은 날로 고갈되어 가는 화석 연료를 대신하는 새로운 에너지원이기도 하지만 제대로 관리를 못할 경우 엄청난 피해를 주는 에너지원입니다. 1986년 소련의 체르노빌에 있던 원자력 발전소가 폭발하여 전 세계적으로 수많은 이들이 질병에 걸리고, 체르노빌 인근 30킬로미터 안에 사는 모든 주민이 강제 이주된 사건이 있었습니다. 또한 2011년, 이웃 나라 일본에서는 동일본 대지진이 일어나 후쿠시마 원자력 발전소에서 사고가 발생했습니다. 지금도 후쿠시마 원자력 발전소 반경 20킬로미터 안으로는 사람이 들어갈 수 없으며, 수많은 사람들이 방사능에 노출되어 고통을 겪고 있습니다.

이렇게 원자력은 유용한 에너지이기도 하지만 동시에 매우 위험한 에너지이기도 합니다. 핵분열이 일어날 때 발생하는 방사능은 우리 인체와 생태계에 치명적인 위험을 초래하기 때문입니다. 그래서 독일은 2022년까지 독일 안의 모든 원자력 발전소를 폐쇄하겠다고 발표했습니다.

현대 사회 연표

2. 베트남 전쟁 발발

미군의 전투 폭격기가 베트남 상공에서 폭탄을 떨어뜨리는 모습입니다.

베트남의 통킹 만 해상에서 북베트남 해군이 미 해군 구축함을 공격하는 통킹 만 사건이 발생했고 이것이 결국 베트남 전쟁으로 확대됩니다.

1964년

4. 소련의 고르바초프, 개혁 정책 단행

페레스트로이카 정책을 기념하며 1988년 소련에서 발행된 우표입니다.

개혁과 개방을 통해 소련의 언론 자유와 인권이 크게 개선되었으며, 시장 경제로의 전환도 시도되었습니다.

1985년

6. 독일 통일, 베를린 장벽 붕괴

독일 통일을 기념하여 독일에서 나온 엽서입니다.

베를린 장벽 붕괴 이후 1990년 10월 3일에 과거 동독에 속했던 주들이 서독에 가입하는 형식으로 독일 통일이 이루어졌습니다.

1989년

1. 소련, 인공위성 스푸트니크 발사

1957년

인류 최초의 인공위성, 스푸트니크입니다.

인공위성 스푸트니크의 발사로 인류는 우주 탐사 시대를 맞이하게 됩니다.

3. 미국의 아폴로 11호 달 착륙

1969년

아폴로 11호는 사람을 태우고 처음으로 달에 착륙한 우주선입니다.

아폴로 11호의 달 착륙선 '이글'이 달에 착륙하기 위해 분리된 직후 찍힌 모습입니다.

5. 소련, 체르노빌 원자력 발전소 사고 발생

1986년

체르노빌 원자력 발전소가 폭발하여 전 세계적으로 수많은 이들이 질병에 걸리고 체르노빌 인근 30킬로미터 안에 사는 모든 주민이 강제로 다른 곳으로 옮겨 가 살아야 했습니다.

사고 이후 폐쇄된 체르노빌 원자력 발전소의 모습입니다.

다국적군의 공격으로 파괴된 이라크 탱크들입니다.

7 걸프 전쟁 발생

걸프 전쟁은 사담 후세인이 통치하던 이라크가 쿠웨이트를 침략하자, 미국과 소련 등 30여 나라가 다국적군을 결성해 쿠웨이트를 지원하면서 벌어진 전쟁입니다.

9 유럽 연합(EU) 창설

유럽 연합은 1993년 11월 1일에 마스트리히트 조약을 배경으로 설립되었으며, 현재 유럽의 27개 국가가 회원국으로 가입되어 있습니다.

유럽 연합의 깃발입니다.

9·11 테러 이후 앙상하게 외벽만 남은 세계 무역 센터의 모습입니다.

11 9·11 테러 발생

9·11 테러는 항공기 납치 자살 테러로 미국 뉴욕의 110층짜리 세계 무역 센터와 쌍둥이 빌딩이 무너지고, 미국 국방부 건물인 펜타곤이 공격을 받은 사건입니다.

1991년 1993년 2001년

1992년 1995년 2011년

8 소련 해체

소련은 1991년 12월 25일에 공식적으로 해산되었습니다. 세계에서 가장 큰 공산주의 국가가 붕괴하면서 냉전 시대도 끝나게 됩니다.

10 인터넷 서비스 시작

인터넷은 '정보의 바다'라고 불리면서 전 세계의 컴퓨터가 서로 연결되어 정보를 주고받을 수 있게 되었습니다.

12 후쿠시마 제1원자력 발전소 사고 발생

일본 도호쿠 지방 태평양 앞바다의 지진과 그로 인한 지진 해일로 후쿠시마 제1원자력 발전소의 냉각 시스템이 고장 나면서 발생한 원자력 사고입니다. 현재도 방사능 유출이 계속되고 있습니다.

세계 최초의 웹사이트인 유럽 입자 물리 연구소(http://info.cern.ch/)의 사이트 모습입니다.

백만 엄마들의 가슴을 뛰게 만든 바로 그 책,

〈공부가 되는〉 시리즈

- 재미와 호기심을 충족시키며 교과 연계 학습까지 되는 **기초 교양 학습서**
- 연이은 백만 엄마들의 뜨거운 호평, **출간 즉시 베스트셀러 도서**
- 통섭과 융합형 교과서로 **하버드 대학 교수가 추천한 도서**

**2010, 2011, 2012 문화체육관광부 · 어린이문화진흥원 · 행복한 아침독서
국립어린이청소년도서관 · 학교도서관 사서협의회 추천 도서 선정**

1. 공부가 되는 세계 명화
2. 공부가 되는 한국 명화
3. 공부가 되는 식물도감
4. 공부가 되는 공룡 백과
5. 공부가 되는 유럽 이야기
6. 공부가 되는 그리스로마 신화
7. 공부가 되는 별자리 이야기
8. 공부가 되는 삼국지
9. 공부가 되는 탈무드 이야기
10, 11. 공부가 되는 조선왕조실록〈전2권〉
12. 공부가 되는 저절로 영단어
13. 공부가 되는 저절로 고사성어
14, 15. 공부가 되는 한국대표고전〈전2권〉
16, 17. 공부가 되는 셰익스피어 4대 비극·5대 희극〈전2권〉
18. 공부가 되는 논어 이야기
19. 공부가 되는 우리문화유산
20, 21. 공부가 되는 경제 이야기〈전2권〉
22, 23, 24. 공부가 되는 한국대표단편〈전3권〉
25. 공부가 되는 로빈슨 과학 탈출기
26. 공부가 되는 일등 멘토의 명연설
27, 28, 29. 공부가 되는 과학백과 우주, 지구, 인체〈전3권〉
30. 공부가 되는 가치 사전
31. 공부가 되는 안네의 일기
32. 공부가 되는 톨스토이 단편선
33. 공부가 되는 긍정 명언
34. 공부가 되는 이솝 우화
35. 공부가 되는 창의력 백과
36. 공부가 되는 재미있는 어휘사전
37. 공부가 되는 삼국유사
38. 공부가 되는 삼국사기
39. 공부가 되는 재미있는 한국사 1
40. 공부가 되는 아메리카 이야기
41. 공부가 되는 세계 지리 지도
42. 공부가 되는 재미있는 한국사 2
43. 공부가 되는 파브르 곤충기
44, 45, 46. 공부가 되는 세계명단편〈전3권〉
47. 공부가 되는 세계의 건축
48, 49, 50. 공부가 되는 세계사〈전3권〉
51. 공부가 되는 아시아 이야기

〈공부가 되는〉 시리즈는 계속 출간됩니다.

호주 초·중등학교 최고의 인성 교재

십대가 시작되는 시기부터
늘 머리맡에 두고 반복해서 읽어야 할 책

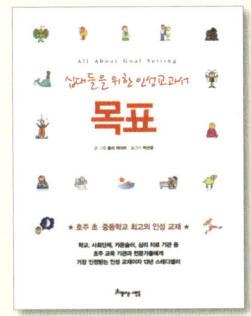

태도
줄리 데이비 글, 그림 | 박선영 옮김
14,000원

목표
줄리 데이비 글, 그림 | 박선영 옮김
14,000원

진정한 부
줄리 데이비 글, 그림 | 장선하 옮김
14,000원

선택
줄리 데이비 글, 그림 | 장선하 옮김
14,000원

〈초록별〉 시리즈

꿈이 되는 이야기, 마음을 키우는 책 읽기

엄마는 외계인
박지기 글 | 조형윤 그림 | 8,500원

아빠가 보고 싶은 아이
나가사키 나쓰미 글
오쿠하라 유메 그림
김정화 옮김 | 11,000원

친구 만들기
줄리아 자만 글
케이트 팽크허스트 그림
조영미 옮김 | 11,000원

아기 토끼의 엄마 놀이
모리야마 미야코 글
니시카와 오사무 그림
김정화 옮김 | 11,000원

왕따 슈가 울던 날
후쿠 아키코 글
후리야 가요코 그림
김정화 옮김 | 11,000원